Konrad Lorenz / Franz Kreuzer, Leben ist Lernen

INFORMATIONSGEWINN und Energiegewinn stehen in einem Verhältnis positiver Rückkoppelung.

Das Leben ist auch ein kenntnisgewinnender Vorgang (neben energie-gewinnend) als Rückkoppelung.

19.5.83 FKM.

Vor vier Milliarden Jahren hat das Phänomen »Leben« als Evolutionsprozeß seinen Anfang genommen. Konrad Lorenz ist als Verhaltensforscher und Erkenntnistheoretiker seit Jahrzehnten der Frage nachgegangen: »Was ist Leben?«. In vereinfachter Form hat er darauf die Antwort gefunden: »Leben ist Lernen«.

In einem mehrstündigen Gespräch mit Franz Kreuzer, das im ORF und im ZDF im Rahmen der Reihe »Zeugen des Jahrhunderts« ausgestrahlt wurde und ein ungewöhnlich großes Echo fand, schildert Konrad Lorenz mit der ihm eigenen unnachahmlichen Spontaneität seinen Lebensweg als Forscher und seine wichtigsten Denkschritte, die er in freundschaftlichem Kontakt und in kritischer Auseinandersetzung mit den bedeutendsten Naturwissenschaftlern und Philosophen seiner Zeit – unter ihnen Karl Popper – vollzogen hat. Der vorliegende Text gibt den Dialog, der für das Fernsehen stark gekürzt wurde, in seiner ursprünglichen, vollständigen Fassung wieder.

Konrad Lorenz, geb. 1903 in Wien. Prof. Dr. med. Dr. phil.; Studium der Medizin und Zoologie; 1957–1973 Honorarprofessor an der Universität München; 1961–1973 Direktor am Max-Planck-Institut für Verhaltensphysiologie in Seewiesen/Starnberg; seit 1974 Direktor der Abteilung Tiersoziologie an der Österreichischen Akademie der Wissenschaften; 1973 Nobelpreis für Medizin und Physiologie.

Zahlreiche Veröffentlichungen, davon im Piper-Verlag: Über tierisches und menschliches Verhalten, Bd. I, 15. Aufl. 1971, Bd. II, 9. Aufl. 1971; (mit Paul Leyhausen) Antriebe tierischen und menschlichen Verhaltens, 3. Aufl. 1971; Die Rückseite des Spiegels, 3. Aufl. 1974; Das Wirkungsgefüge der Natur und das Schicksal des Menschen, 1978; Das Jahr der Graugans, 1979.

Franz Kreuzer, geb. 1929; bis 1966 Reporter, Ressortleiter und Chefredakteur des »Arbeiterzeitung«; bis 1974 Chefredakteur des aktuellen Dienstes; 1974–1978 Intendant, seit 1979 Chefredakteur im ORF, Wien.

Serie Piper:

Konrad Lorenz / Franz Kreuzer

Leben ist Lernen

Von Immanuel Kant zu Konrad Lorenz
Ein Gespräch über das Lebenswerk
des Nobelpreisträgers

R. Piper & Co. Verlag

ISBN 3-492-00523-3

Umschlag Zembsch' Werkstatt, München
Gesetzt aus der Times-Antiqua
Gesamtherstellung Clausen & Bosse, Leck
Printed in Germany

Dieses Gespräch zwischen Konrad Lorenz und Franz Kreuzer fand im Frühjahr 1980 im Landhaus des Nobelpreisträgers in Altenburg bei Wien statt.

Kreuzer (K): Herr Professor, wenn man hierzulande auf der Straße zehn Leute fragt, ob ihnen ein österreichischer Nobelpreisträger einfällt, dann kann man sicher sein, daß acht oder neun »Konrad Lorenz« antworten. Sie sind der populärste Wissenschaftler dieses Landes, darüber hinaus sind Sie der Inbegriff des Wissenschaftlers überhaupt, und das hat zumindest drei gute Gründe: Sie sind nicht nur Nobelpreisträger, sondern Sie schauen auch aus, wie man sich einen solchen vorstellt. Sie haben hochpopuläre, phantasieanregende Filmszenen geliefert, wenn die Graugänse hinter Ihnen herlaufen. Man vermutet von Ihnen, daß Sie, wie Mowgli im Dschungelbuch, mit den Tieren reden können. Und – sicherlich das Wichtigste – Sie sind der verdiente und anerkannte Vorkämpfer des Umweltschutzes, in heutigen Begriffen so etwas wie ein Ayatollah der Grünen. Das alles weiß man von Ihnen, und das wird sicherlich Gegenstand dieses Gesprächs sein. Wir haben uns aber mehr vorgenommen. Wir wollen die großen geistigen Linien Ihres Lebenswerkes nachziehen, wir wollen Sie als den Mann zeigen, der in diesem Jahrhundert besser und klarer als irgendein anderer gesagt hat, was Leben ist; der die Brücken geschlagen hat vom Verständnis des Tieres zum Verständnis des Menschen, zum Verständnis unseres geistigen Selbst; der auf dem Lehrstuhl des Philosophenfürsten Kant dessen Lehre für unser Jahrhundert neu durchdacht hat. Wir haben uns viel vorgenommen. Dennoch müssen wir klein anfangen, wie in jeder Biographie, nämlich 1903, als Sie in diesem hochinteressanten schloßartigen Landhaus zur Welt gekommen sind, als Sohn des berühmten Orthopäden Adolf Lorenz. Wenn ich Ihre Biographie richtig gelesen habe, muß ich die halbfachliche Frage stellen: Kann man schon als Biologe geboren werden?

Lorenz (L): Darauf kann ich mit einem deutlichen »Ja« antworten. Und zwar auf Grund eines statistischen Befundes. Auf einer Ethologentagung haben wir einmal festgestellt, daß keiner unter uns war, der nicht schon vor dem fünften Lebensjahr ein deutliches Interesse für Viecher gezeigt hätte. Daraufhin hat Prof. Heini Hediger aus Zürich, der sich immer für die Mensch-Tier-Beziehung interessierte, einen Fragebogen verfaßt, der – ohne Suggestivfragen – herausgebracht hat, wann einer angefangen hat. Das haben wir an zwanzig anerkannt große Biologen verschickt. Max Hartmann hat noch gelebt, Alfred Kühn hat noch gelebt, Alistair Hardy, viele bekannte Biologen waren dabei – und wissen Sie, wieviele davon vor dem fünften Lebensjahr ihren Beruf gewählt haben? Alle! Alle zwanzig haben – ohne Suggestivfragen – erzählt, vor fünf hätten sie angefangen.

K: Also, wissenschaftlich nachgefragt: Welche Voraussetzungen sind es, die ein Kind zum späteren Biologen machen?

L: Von den Umwelteinflüssen her gesehen, spielt es sicher eine große Rolle, daß man auf dem Land aufwächst, daß man mit Tieren in Kontakt kommt. Aber das ist es nicht ausschließlich. Unter diesen Leuten sind sehr viele, die Stadtkinder waren, aber trotzdem insistiert haben, ein Tier zu haben. Ich habe eine Art Berufsberatungsbüro für junge Leute, die Verhaltensforschung betreiben wollen, und ich habe beobachtet, daß es charakteristisch für den werdenden Naturwissenschaftler ist, daß er nicht Hund, Katze und Kanarienvogel hat, sondern Molche und Würmer – etwas, das er im Glas nach Hause bringt von einem Spaziergang.

K: Welche Tiere haben Sie gehabt?

L: Meine ersten Tiere waren Feuersalamander. Einen Feuersalamander hat mein Vater von einem Spaziergang auf dem Kahlenberg nach Hause gebracht, mit der Auflage, ihn nach einer Woche wieder auszulassen. Was nicht in der Auflage stipuliert war: Was geschieht, wenn der Feuersalamander in dieser Zeit Junge kriegt? Das hat er. Und so kam ich zu meinem ersten Aquarium. Denn die Jungen – es war ein Wink des Himmels – gab ich nicht wieder her. Mit Hilfe einer tierpflegerisch begabten Kinderfrau – der Resi Führinger, einer Bauerstochter aus Niederösterreich – haben wir von diesen vierundvierzig Salamanderlarven zwölf bis zur Verwandlung gebracht. Das ist gar nicht so leicht. Das ist ein ganz guter tierpflegerischer Erfolg.

K: Und welche Tiere sind dann noch dazugekommen?

L: Zum Feuersalamander ist zunächst eine Ente dazugekommen, eine neugeborene Hausente. Das sind Erlebnisse, an die ich mich ganz genau erinnere – wie an meine ersten ziehenden Wildgänse. Und dann hat – eine sehr interessante Konvergenz mit Karl Popper – das erste Buch auf mich einen wirklich bestimmenden Einfluß genommen: Selma Lagerlöfs »Nils Holgerssons Reise mit den Wildgänsen«. Da wollte ich dann eine Wildgans sein.

K: Nicht nur auf einer Wildgans fliegen, sondern selbst eine sein?

L: Ja. Zuerst wollte ich eine Eule sein – weil die nicht schlafenzugehen braucht. Dann bin ich draufgekommen, daß Eulen nicht schwimmen können, und dies widersprach meinem Universalitätsbedürfnis. Ich suchte also einen Vogel, der auch schwimmen kann. Gleichzeitig kam dann das Lagerlöf-Buch ... Eine Gans durfte ich nicht haben, weil die im Garten zuviel Unsinn gemacht hätte. Und da bekam ich eine kleine Hausente. Im Nagl-Haus drüben war gerade eine Schar Entchen geschlüpft, die von einer Haushenne ausgebrütet worden waren, und da wollte ich eines haben. Mein Vater war dagegen. An dieses Ereignis erinnere ich mich noch, als wenn es gestern gewesen wäre. Meine Mutter war verwöhnend, die wollte mir die Ente geben, mein Vater war dagegen, weil er gegen Tierquälerei war. Natürlich hat meine Mutter gesiegt. Und jetzt kommt etwas Interessantes: Ich habe mir unter diesen zehn oder zwölf kleinen Enten die einzige ganz wildfarbene ausgesucht. Warum, weiß ich nicht. Vielleicht habe ich damals schon gewußt, daß der Mensch domestikationsgefährdet ist. Man kann rückblickend sehr schwer sagen, wann einem eine Erkenntnis das erste Mal gedämmert hat.

K: Weil Sie Karl Popper erwähnt haben: Es ist wirklich erstaunlich, daß auch er in seiner Biographie das Erlebnis der Wildgänse und der Selma-Lagerlöf-Bücher hervorhebt. Aber Sie haben ja direkte Kontakte gehabt. Ich glaube, Sie haben ihn als Indianer noch im Garten an einen Baum gebunden.

L: Das ist eine andere Geschichte. Man soll sich nie einbilden, daß man allzu originell ist. Es ist ja ganz merkwürdig, daß die wesentliche erkenntnistheoretische Erleuchtung, die mir gekommen ist – etwas später als Karl Popper und unabhängig von ihm –, gleichzeitig dem Donald Campbell gekommen ist. Und diese großen »Seifensieder«, wie ich sie immer nenne, die gehen einem sehr plötzlich auf. Und die Konvergenz mit Karl Popper ist auch deswegen so lustig, weil ich gar nicht gewußt habe, daß er das ist. Ich habe dann durch Campbell ein Buch bekommen, das einen Beitrag von Campbell, »The Philosophy of Karl Popper«, beinhaltete, und ich habe dann dem Karl Popper einen Brief geschrieben: »Dear Sir Karl ... usw.«, furchtbar höflich. Daraufhin kam – mit der merkwürdigen Kinderschrift Poppers – ein handgeschriebener Brief zurück: »Lieber Konrad, Du scheinst nicht zu wissen, daß ich der Karli Popper bin.« Und dann sind wir uns, wie soll ich sagen, wir sind uns treu geworden. Wir haben uns wiedererkannt. Der Karli Popper hat bei uns immer die Rolle des Weißen gespielt, der an den Marterpfahl gebunden wurde. Er war ungeschickt, er konnte schlecht laufen und schlecht schießen und war von rührender Gutartigkeit. Er war viel gescheiter als wir – Popper war ja ein frühreifer Mensch. Popper hat mit ungefähr 17 Jahren angefangen, den Wiener Kreis, den Wiener Positivistenkreis, auf die Hörner zu nehmen. Er war sehr viel gescheiter als wir, aber Indianerspielen hat er schlechter können. Und wir haben ihn sehr gemartert, aber nicht wirklich ...

K: Weil Sie nun dieses gemeinsame Milieu erwähnen, ist eine wichtige Frage fällig: Wie erklären Sie diese bewegende, auf junge Menschen wirkende, geistige Atmosphäre der Jahrhundertwende? Es kann ja kein Zufall sein, daß aus dieser Zeit, aus dem Bürgertum dieser Zeit muß man sagen, so viele bedeutende Männer, gerade aus Wien, hervorgegangen sind. War es das Elternhaus, das Gymnasium?

L: Ja, es war eine Zeit eines wirklichen geistigen Liberalismus, im Sinne von geistiger Freiheit, im buchstäblichen Sinne des Wortes. Und ich pflege in diesem Zusammenhang immer zu erzählen, daß ich Darwin und die Selektionslehre nicht als Theorie, sondern als lehrbuchfähige Tatsache von einem Benediktinerpater beigebracht bekommen habe, von dem Philipp Heberdey, dem ich heute noch heißen Dank weiß. Es ist merkwürdig, wie man als Kind gut weiß, wer ein guter und wer ein schlechter Lehrer ist. Und diese Zeit – Österreich zu der Zeit – war eine Art Insel der Seligen für freie Entwicklung der Wissenschaftler. Es sind ja – ich bin sehr lokalpatriotisch in punkto Wiener Wissenschaftler – fast alle, also ein erheblicher Prozentsatz der allergescheitesten Leute, die ich kenne, Österreicher. Meistens emigrierte Juden. Wenn ich schnell die gescheitesten Leute anführen soll, die ich kenne, so sind das: Karl Popper, Paul Weiss, Kurt Gombrich, René Spitz und eine Reihe anderer, die ungefähr zur gleichen Altersklasse gehören. Dies nur zur Tatsache, daß das eine besonders gescheite Zeit war. Und ich glaube, es hängt damit zusammen, daß damals der Streit über Darwin und die Selektionslehre abgeklungen war und die Gebildeten aller Länder gelernt hatten, die Evolutionslehre als selbstverständliche Wahrheit hinzunehmen.

K: Ohne es aber wirklich zu Ende verarbeitet zu haben.

L: Ja, daß man das als selbstverständlich hinnahm, das war die Voraussetzung dafür, daß man ganz bestimmte weltanschauliche und vor allem erkenntnistheoretische Konsequenzen zog. Auch lag darin schon eine Vorahnung der Erkenntnis, was Leben so ungefähr ist.

K: Vielleicht sollte man an der Stelle fragen, um damit auch fachlich an die Basis Ihrer Lehre zu kommen, rückblickend aus der Endphase dieses Jahrhunderts: Was hat eigentlich dieses Jahrhundert an seiner Wende an großen fundamentalen Voraussetzungen für die Biologie und Verhaltenslehre und für die Naturphilosophie, wie Sie sie geprägt haben, vorgefunden? Wenn ich es richtig sehe: einerseits – von der Physik herkommend, durch Ludwig Boltzmann ausgeprägt – die Thermodynamik, die Problematik, was denn das thermische Geschehen mit dem Leben zu tun habe, und andererseits den Darwinismus.

L: Ja, das ist eine sehr gute Frage. Nämlich irgendwie ist die Synthese zwischen Selektionslehre und der Wärmephysik, der energetischen Physik dieser Zeit, etwas sehr Wesentliches für einen biologisch denkenden Menschen. Ich würde sagen, daß ich sehr früh Tiere ernst genommen habe und mir bewußt war, daß sie unabhängig vom Menschen existenzfähig sind. Daß also der blödeste Kofferfisch nicht einem Humoranfall des Schöpfers sein Dasein verdankt, sondern daß er ein – ich möchte es merkantil ausdrücken – gutgehendes Geschäftsunternehmen ist, das seinen Gewinn macht, sich verbreitet, Filialen aufmacht und – wenn es auch nicht die Welt überschwemmt – doch existenzfähig ist. Und in diesem Ernstnehmen der lebenden Tierart – ich rede jetzt nicht vom Individuum, ich rede von der Art –, da steckt schon irgendwie die Erkenntnis drin, daß Leben einerseits ein energetischer Vorgang ist . . .

K: Ein energiegewinnender Prozeß.

L: Ein ernergiegewinnender Prozeß. Und daß es andererseits ein erkenntnisgewinnender Prozeß ist. Jede Anpassung an eine Gegebenheit der Außenwelt bedeutet ja, daß Information über diese Gegebenheit irgendwie in den Organismus, in das System des Organismus hineingespeist wurde.

K: Weil diese These auch immer am Anfang Ihrer Bücher steht, sollte man vielleicht noch etwas aufklären: was nämlich »Thermodynamik«, zweiter Hauptsatz »Entropie«, bedeutet. Aufmerksame Fernsehzuschauer erinnern sich an die interessante Serie von Hellmut Andics: »Alles Leben ist Chemie«. In einer der Folgen wurde gezeigt – im Fernsehspiel –, wie Ludwig Boltzmann seiner damaligen Schülerin Lise Meitner in einem Kaffeehaus den zweiten Hauptsatz der Thermodynamik erklärt. Und er macht das sehr anschaulich, er sagt: »Hier sitzen wir neben einem Ofen, der Wärme erzeugt. Wir können nicht erleben, daß die Wärme um diesen Ofen herum konzentriert bleibt, sie wird sich in diesem Raum verteilen. Und es kann nicht passieren, daß sie sich in einer Ecke sammelt. Wir essen hier eine Eierspeise, wir können durch nichts aus der Eierspeise wieder Eier machen. Sie haben hier ein Parfumfläschchen. Wenn Sie ein wenig Duft aus diesem Fläschchen entlassen, verbreitet er sich im ganzen Raum, er wird nie in das Fläschchen zurückfinden. Wenn wir dieses Glas fallen lassen, werden Scherben daraus; wenn wir eine Handvoll Scherben fallen lassen, wird nie ein Glas daraus.« Das Gesetz der Wärmephysik sagt: Geordnete Zustände gehen in weniger geordnete über, gewinnen an Entropie. Wie ist nun demnach Leben möglich? Wie kann das Leben – scheinbar entgegen diesem zweiten Hauptsatz (ein Jahrhundert denkt darüber nach) – Energie gewinnen?

L: Darüber habe ich sehr früh nachgedacht. Und es gab damals in Lainz eine Reihe von psychiatrisch Orientierten –, so waren unter anderen Birkmayer und mein Schüler und späterer Assistent Schleidt auch dabei. Die haben über solche Fragen – es war knapp nach dem letzten Krieg – sehr intensiv nachgedacht. Und ein Mediziner namens Frühmann hat eine sehr schöne Formulierung der Antwort auf Ihre Frage gefunden. Er hat gesagt: »Das Leben frißt negative Entropie.« Das heißt: Im Strom der dissipierenden (= verströmenden) Weltenergie, der wie das Parfum der Lise Meitner verströmenden Weltenergie, stellt sich ein Energiefangapparat entgegen, der diese Energie in sich aufnimmt, verwertet. Er nimmt also diese noch geordnete Energie – noch geordnet muß sie sein – in sich auf und schafft aus dieser Ordnung energetisch Ordnung. Es gibt ein sehr schönes Gleichnis dafür: Es hat – ich glaube, es war Norbert Bischof – gesagt: »Das ist wie eine Sandbank, die sich quer über einem trüben Strom ausbildet und die flottierenden Partikel in sich aufnimmt und dabei immer größer wird.«

K: Sie wächst. Trotz des Gesetzes, daß der Fluß abwärts läuft.

L: Sie wächst. Obwohl der Fluß abwärts läuft und allen Altschlamm ins Meer spülen will, wächst die Sandbank zusehends und wächst um so schneller, je mehr Sand sie hat.

K: Also ein Prozeß der positiven Rückkopplung, wie man heute sagt.

L: Ja. Das ist das Prinzip des »Fressens« des Lebens. Aber das Leben kann um so mehr fressen, je besser es strukturiert ist, je besser es angepaßt ist. Das Leben ist also gleichzeitig nicht nur ein Energie sammelnder und nebenbei die Dissipierung der Energie bremsender Vorgang. Diese Sandbank bremst durch ihr Wachstum Energie, sie spart Weltenergie, sie verlangsamt das Herannahen des Wärmetodes, der kompletten Entropie. Das kann sie um so besser, je gescheiter dieses Netz strukturiert ist, das Energie fängt. Diese Strukturen sind das, worauf selektiert wird. Der Treffer einer Verbesserung des Netzes ist ungeheuer unwahrscheinlich. Theodosius

Dobzhansky hat die Wahrscheinlichkeit $1:10^8$ errechnet – eins zu einem Hundertmillionstel. Aber der Treffer rentiert sich gewaltig, das heißt: Wenn von zehn Millionen Tieren oder Pflanzen oder virusähnlichen Vorlebewesen eins so einen Treffer macht, so werden in sehr kurzer Zeit alle Repräsentanten dieser Art Nachkommen dieses einen glücklichen Treffermachers sein. Und das verbessert die Chance, daß es einer dieser Nachkommen ist, der den nächsten Treffer macht.

K: Noch kurz zu Boltzmann und seiner geistigen Nachfolge. Die Hauptfrage, die darin steckt, ist doch: Ist es ein ausgesprochener Zufall, ein extremer Zufall, daß entgegen diesem zweiten Hauptsatz der Thermodynamik Leben entsteht, oder steckt hier eine Gesetzmäßigkeit darin?

L: Hier steckt eine Gesetzmäßigkeit drin. Nämlich das, was Manfred Eigen so schön den gezähmten Zufall nennt. Der Zufall ist gezähmt durch den Erfolg des Treffermachers. Das heißt: Die Wahrscheinlichkeit, daß dieselbe Familie noch einmal einen Treffer macht, steigt ja genau proportional der Zahl der Nachkommen. Und da der eine glückliche Gewinner dieser unglaublichen, unwahrscheinlichen Lotterie so sehr viel mehr Nachkommen hat als der, der nicht diesen Treffer gemacht hat, ist die Wahrscheinlichkeit entsprechend erhöht, daß einer seiner Nachkommen den nächsten Treffer macht.

K: Manfred Eigen hat ja auch verdienstvollerweise – aus der Chemie heraus, aus der Spieltheorie heraus – rekonstruiert, wie diese Urzeugung, dieses Sich-zum-ersten-Mal-Bilden von sich replizierenden Molekülen, gewesen hätte sein können. Nämlich wieder positive Rückkopplung: »Hyperzyklus«.

L: Ja, nur verstehe ich an einer Stelle den Manfred Eigen hier nicht. Es ist nämlich von dem Moment, wo die Reduplikation da ist, wo also Überleben möglich ist, das Spiel ein etwas anderes Spiel. Weil es nämlich ein Spiel *um etwas* ist. Vorher ist es ein zielloses Spiel der Moleküle, in dem – wie Manfred Eigen so wunderschön sagt – nichts festliegt, außer den Spielregeln. Und dieses Spiel geht dann um etwas anderes, im Augenblick, wo der Gewinn Überleben und das Verlieren Tod bedeutet. Und das verstehe ich nicht ganz. Da bin ich etwas überfragt.

K: Und wo die Vermehrung beginnt, natürlich.

L: Vermehrung ist nicht unbedingt notwendig. Man könnte auch überleben, ohne sich zu vermehren. Nur ist dann der Zufallstod das Ende. Vermehrung ist notwendig, um dem immer drohenden Zufallstod zu entkommen. Der Zufall – der Teufel – schläft nie, also gehört die Vermehrung wohl zum Leben dazu.

K: Aber die Gesetzmäßigkeit dieser Überwindung des scheinbar durch die Physik Vorgegebenen, die scheint ja von ganz großer Bedeutung zu sein. Selbst der Nobelpreisträger Monod hat in seinem Buch »Zufall und Notwendigkeit« die Wahrscheinlichkeit der Lebensentstehung als etwas ganz und gar Unwahrscheinliches betrachtet und den Menschen daher als einen »Zigeuner am Rande des Weltalls« bezeichnet.

L: Im Gegensatz zu Manfred Eigen. Manfred Eigen behauptet ja, daß die Entstehung des Lebens überhaupt kein Zufall sei, sondern daß dieses Spiel eben so gestaltet sei von Anfang an, daß im Enderfolg Leben herauskommen muß.

K: Aber das ergibt doch die Vermutung, daß diese Fähigkeit der materiellen Natur, Leben aufzubauen, nicht den Gesetzen der Natur widerspricht, sondern in ihnen irgendwie eingeschlossen ist.

L: Davon bin ich überzeugt.

K: Also in dem Sinn behält Teilhard de Chardin, der das alles religiös gesehen hat, eher recht, wenn er Neg-Entropie – die Überwindung der Entropie quasi – als das Göttliche in der Welt sieht.

L: Wenn Sie global den Wahrheitsgehalt einer Weltanschauung betrachten, den Wahrheitsgehalt der Hinterhuberbäuerin in Grünau und den Wahrheitsgehalt der Weltanschauung von B. F. Skinner, so kommen Sie drauf, daß die Bäuerin, die an die unbefleckte Empfängnis Mariens und an den lieben Gott und alle Heiligen glaubt, der Wahrheit näher ist als der Behaviorist. Und der Teilhard ist dazwischen. Teilhard de Chardin hat ja das eine Großartige gesehen, was keiner sich zu sagen getraut hat, daß mit jedem Evolutionsschritt ein Wertzuwachs verbunden ist. Daß wir nicht umhin können, die höheren Tiere als etwas Wertvolles zu betrachten. Nicht beistimmen können wir natürlich – »wir« sind Monod, Eigen, Karli Popper und ich und alle möglichen –, daß die Evolution teleologisch vorbestimmt ist.

K: Daß unbedingt der liebe Gott dahintersteckt.

L: Wir sind alle brave Nicolai-Hartmannianer, die an eine nicht zweckgerichtete Weltordnung glauben.

K: Jetzt zum ganz Grundsätzlichen zurück. Erste These am Beginn dieses Jahrhunderts und aus den Lehren von Boltzmann entwickelt: Leben ist ein energiegewinnender Prozeß. Was sagt nun dazu die Darwinsche Theorie?

L: Darwin sagt dazu: Ja, aber Leben ist auch ein informationsgewinnender Prozeß, und auch der Informationsgewinn und der Energiegewinn stehen untereinander in einem Verhältnis positiver Rückkopplung. Denn die positive Rückkopplung vom materiellen Gewinn auf den Erkenntnisgewinn habe ich schon angedeutet: Der Erfolgreiche hat so viel mehr Kinder und hat daher die bessere Chance, einen zweiten Haupttreffer zu machen, das heißt, wieder eine weitere, für das Geschäft wertvolle Information in das System hineinzubringen.

K: Also die Voraussetzung, daß das Darwinsche System spielt, ist natürlich, daß das Leben sich erhalten und wiederholen kann. Erst dann kommen die Mutation und die Selektion ins Spiel. Nämlich die geringfügige Veränderung des Bestehenden.

L: Das ist eine Frage. Sagen wir so: Ohne Mutation, ohne Herumversuchen, ob es nicht auch anders geht, würde das Leben nur existenzfähig sein in dem absolut konstanten Milieu, in dem sich nichts Neues ergibt. Und der Informationsgewinn kann zweierlei machen: Der Informationsgewinn kann erstens den Energiegewinn erhöhen und zweitens kann er einen neuen Lebensraum erschließen. Das sind also zwei positive Möglichkeiten. Und jedenfalls ist es sehr richtig, was auch Rupert Riedl immer so betont, daß das Leben essentiell nicht nur ein energiegewinnender, sondern essentiell ein kognitiver, das heißt: erkenntnisgewinnender Vorgang ist.

K: Aber im Grunde sind es doch eigentlich vorerst Irrtümer, kleine Druckfehlerteufeleien in der Wiedergabe des Bestehenden, die – unter dem Druck der Selektion – zum Fortschritt führen. Also vorerst etwas ganz Negatives. Es ist etwas »passiert«, das Gewebe hat einen Webfehler ...

L: Ja, nur muß es sich herausstellen, daß dieser Web-

meine Wettbewerbs-Teilnahme!
erkenntnisgewinnend

fehler durch Zufall die Decke wärmer und besser macht. Und das passiert eben einmal in zehn Millionen Fällen.

K: Das geschieht aber wieder durch einen negativen Mechanismus, nämlich den der Selektion.

L: Ja. Karl Popper behauptet ja – unter absichtlicher Vernachlässigung der ratiomorphen, nicht bewußten Vorgänge der sogenannten Intuition –, daß die Hypothese gewissermaßen aus dem Finger gesogen sei und daß der erste Erkenntnisschritt der sei, daß ich sage: Das ist falsch und das ist falsch – beziehungsweise: so kann es noch am ehesten sein. Die Evolution macht es ganz genauso. Sie probiert mit Mutationen herum und behält das, was gut ist.

K: Hier sollten wir genau sein. Wir implizieren hiermit, wenn wir sagen: Sie probiert herum. Sie probiert eigentlich nicht, es passiert ihr etwas.

L: Ja, es »passiert« ihr eigentlich etwas.

K: Und durch den Druck der Selektion, durch die Aussiebung des weniger Geeigneten, entsteht etwas Besseres. Es sieht also nur so aus, als ob die Natur herumprobieren würde ...

L: Ja. Denn hinter dem Wort »probieren« steht ja schon eine Zielsetzung. Und die fehlt der Natur. Es passiert ihr ein Fehler, und dieser ist hie und da einmal gut. Trotzdem geben Sie der durchschnittlich gebildeten Hörerschaft eine bessere Vorstellung, wenn Sie sagen: Das Leben ist ein Geschäftsunternehmen – jede Art, nicht das Leben als Ganzes – sondern jede Art ist ein Geschäftsunternehmen.

K: Energetisch vor allem – das versteht heute jeder.

L: Energetische Kapitalsubstanz, Biomasse ist das Modewort, gewinnendes Unternehmen, das es sich leisten kann, ein bißchen zu riskieren. Und zwar blind zu probieren. Natürlich, ganz blind ist es nicht. Wenn BASF oder IG-Farben große Gewinne machen und einen erheblichen Teil dieser Gewinne in ihre Labors stecken, so tun sie es in der wohlkalkulierten Hoffnung, daß etwas noch Gescheiteres herauskommt, das noch mehr Gewinn abwirft.

K: Also Leben ist Energiegewinn und Informationsgewinn und zwar Informationsgewinn zum Zwecke des Energiegewinnes.

L: In einer positiven Rückkopplung. Jeder Energiegewinn gibt neue Möglichkeiten zum Erkenntnisgewinn, jeder Erkenntnisgewinn eröffnet neue bessere Möglichkeiten zum Energiegewinn.

K: Herr Professor, Sie haben da vorhin einige sehr bescheidene Definitionen gegeben. Sie haben nämlich die Definition der Evolution als einen erkenntnisgewinnenden Prozeß Darwin zugeschrieben. Das stimmt ja nicht, das waren ja im wesentlichen Sie. Darwin hat den Mechanismus – Mutation, Selektion – definiert. Aber die Definition des Vorganges als erkenntnisgewinnenden Prozeß, ist das nicht eigentlich der Kern *Ihrer* Lehre, auf dem ihre anderen Lehren beruhen? Oder haben das andere schon mit Ihnen oder vor Ihnen gedacht: Leben als Lernen verstanden?

L: Sagen wir, also zumindest die hypothetischen Realisten, die unabhängig voneinander gearbeitet sind, die haben das sicher gewußt.

K: Ja, aber das sind doch insgesamt Menschen, die Darwin weitergedacht haben.

L: Ja.

K: In diesem Jahrhundert.

L: Ja, das ist genau das, was ich anfänglich gemeint habe, daß die selbstverständliche Annahme der Darwinschen Lehre die Voraussetzung für viele neue Erkenntnisse war. Das lag in der Luft. Es lag auch in der Luft, daß man sich mit Kant auseinandersetzte, mit der Erkenntnistheorie auseinandersetzte usw.

K: Vorher aber noch eine wichtige Frage: Wie sind Sie zur Verhaltensforschung gekommen? Das war ja noch lange, bevor Sie sich mit Kantischen Kategorien auseinandersetzten.

L: Ja, sehr lange. Es ist nicht eine falsche Bescheidenheit – fishing for compliments –, wenn ich sage, daß ich mehrmals in meinem Leben, also zumindest an zwei entscheidenden Punkten, unmenschliches Glück gehabt habe. Ich habe Tiere gekannt. Ich habe sehr früh meinem Vater die Frage vorgelegt, ob der Regenwurm ein Insekt sei. Nachdem er erklärt hatte, Insekt hieße Kerbtier, sagte ich, der Regenwurm sei ja geringelt und noch viel schöner gekerbt als das Insekt. Ich hatte richtig erkannt, daß diese Metamerie – die Gliederung des Regenwurms – die gleiche Gliederung ist, die sich in Insekten, Krebsen usw., in allen Gliederfüßlern findet. Daraufhin blieb er mir die Antwort schuldig, das wußte er nicht.

Und dann habe ich plötzlich die Antwort auf meine Frage in einer Schrift von Wilhelm Bölsche, in einem Kosmosbändchen mit dem Titel »Schöpfungstage« gefunden. Da war der Archäopteryx abgebildet, der Urvogel. Das ist ein in Juraschiefer wunderbar abgedrückter Vogel, ein deutlicher Vogel mit Federn, Vogelfüßen und Vogelflügeln, aber an den Flügeln hat er noch drei Zehen mit Krallen, im Schnabel hat er Zähne, und er hat einen langen Eidechsenschwanz mit einem Paar Federn an jedem Wirbel. Und dort stand zu lesen, daß das der Übergang vom Reptil zum Vogel ist. Und da erinnere ich mich an einen Spaziergang mit meinem Vater. Ich weiß ganz genau, wo das war – es ist sehr komisch, wie sich der Ort assoziiert mit einem wirklichen Erlebnis. Ich bin mit meinem Vater den Weg zur Kaiser-Jubiläums-Warte hinaufgegangen und habe ihm das erzählt. Und mein Vater hat mir merkwürdig wohlwollend zugehört. Ich habe sehr viel geredet, und er hat sonst immer gesagt: »Schweig einen Augenblick.« Und da hat er das nicht gesagt, sondern hat mit großer Freude zugehört, und ich habe ihm das Ganze erzählt. Von der Evolution, von Darwin – und er hat mir also wohlwollend zugehört und gelächelt, und plötzlich wurde mir klar: Der weiß das ja schon! Und ich erinnere mich, daß ich ein tiefes Ressentiment gegen meinen Vater empfunden habe, daß er etwas so Wichtiges weiß und es nicht der Mühe wert gefunden hat, es mir mitzuteilen.

Und da wollte ich dann Paläontologe werden. Da habe ich gesagt, Evolution ist ja alles. Das ist die Geschichte der Welt, das ist das einzige, was wirklich wichtig ist. Das glaube ich heute auch noch. Ich weiß, daß ich da noch nicht im Gymnasium war, also unter zehn. Ich habe mir Paläontologiebücher gekauft und gelernt und wollte Zoologie und Paläontologie studieren. Aber mein Vater, der ein ziemlich autoritärer Vater war, hat darauf bestanden, daß ich Medizin studiere. Und zwar mit der Begründung, ein guter Arzt sei noch niemals verhungert.

Und das hat sich bewahrheitet. In Rußland wäre ich vielleicht verhungert, wenn ich nicht Arzt gewesen wäre. Aber der unmittelbare, entscheidende Vorteil war, daß ich im Anatomischen Institut mit Ferdinand Hochstetter in Berührung gekommen bin. Und der war nicht nur vergleichender Anatom, sondern – was mehr ist – vergleichender Embryologe. Ich habe damals, da war ich 18, schon viele Tiere gehabt und so viel vom tierischen Verhalten gewußt, hauptsächlich von Fischen und Enten, aber primär von Fischen. Ich hätte sehr viel dümmer sein müssen, als ich war, um mir nicht sofort klar darüber zu sein, daß die Methode, mit der Hochstetter aus Ähnlichkeit und Unähnlichkeit lebender Tierformen ihre Stammesgeschichte, ihr Gewordensein rekonstruierte, unmittelbar, ohne jede methodologische Änderung, anwendbar ist auf das Verhalten der Tiere.

K: Herr Professor, man konnte damals doch auf dreifache Weise die Evolution belegen: durch anatomischen Vergleich der vorhandenen Tierarten, durch Ausgraben der ausgestorbenen Tierarten und ihrer Reste und durch Embryologie, durch die Nachvollziehung der Evolution im Einzelwesen.

L: Die Keimesentwicklung vollzieht ja nicht ganz, das hat Karl Ernst von Baer schon gewußt, die Ahnenreihe nach, sondern die Embryologie der Ahnen.

K: Aber sie bestätigt das Evolutionsdenken.

L: Gewiß bestätigt es sie! Sie haben aber eine vierte Wissensquelle ausgelassen, das ist die Tiergeographie: wo was vorkommt. Daß man also daraus auch entnehmen kann, was sich wo gemeinsam entwickelt hat.

K: Aber damit war die Grenze der Evolutionstheorie dort, wo man sie nicht mehr materiell feststellen konnte, wo die Nervenstrukturen begannen, die man nicht mehr sezieren konnte, die man aber wohl im Verhalten ablesen konnte.

L: Ja, ganz richtig. Und da klafft immer noch eine gewaltige Lücke. Aber die ersten Leute, die die vergleichende Methode erfunden haben, das heißt das Rekonstruieren von Stammbäumen, waren ja interessanterweise Ornithologen. Erwin Stresemann hat sich in die ungeheuren Berge von Vogelbälgen hineingewühlt, die in Museen zu gänzlich anderen Zwecken aufgehäuft waren, und hat festgestellt, daß Mutation und Selektion und nicht Umwelteinflüsse für die Vererbung von Eigenschaften verantwortlich sind. Es ist ganz charakteristisch, daß die scientia amabilis, die Ornithologie, in der Bestätigung der Evolutionslehre Darwins eine so große Rolle gespielt hat. Schließlich hat ja Darwin auch die Galapagos-Finken gebraucht, um sich darüber klar zu werden, wie die Geschichte eigentlich läuft. Die Embryologie ist als weitere Dokumentation ihres Ganges natürlich ungemein bestätigend. Ich werde immer böse, wenn man sagt »Evolutionstheorie«. Dann sage ich immer: Es gibt eine merkwürdige Theorie, daß Julius Cäsar nie gelebt habe, sondern die Nachfolger, die Julier-Kaiser, die von Cäsar abstammten, einen großen Ahnherrn gebraucht und autoritär befohlen haben, alles was dagegen spricht, sei aus den Bibliotheken auszuradieren, und die Dokumente zu fälschen. Das ist eine saublöde Theorie, aber sie ist unendlich viel wahrscheinlicher, als daß Einer hergegangen ist und die richtigen Fossilien in die entsprechenden Schichten – die Säugereptilien in die obere Trias, den Archäopteryx in die mittlere Jura usw. – hineingeschwindelt hat, damit das mit dem Stammbaum übereinstimmt. Ich mache sonst nicht Reklame für meine Bücher, aber ich habe hier in meinem Lehrbuch »Vergleichende Verhaltensforschung« das Modell, das entsteht, wenn man die Tierarten einfach nebeneinander aufstellt und sie nun durch

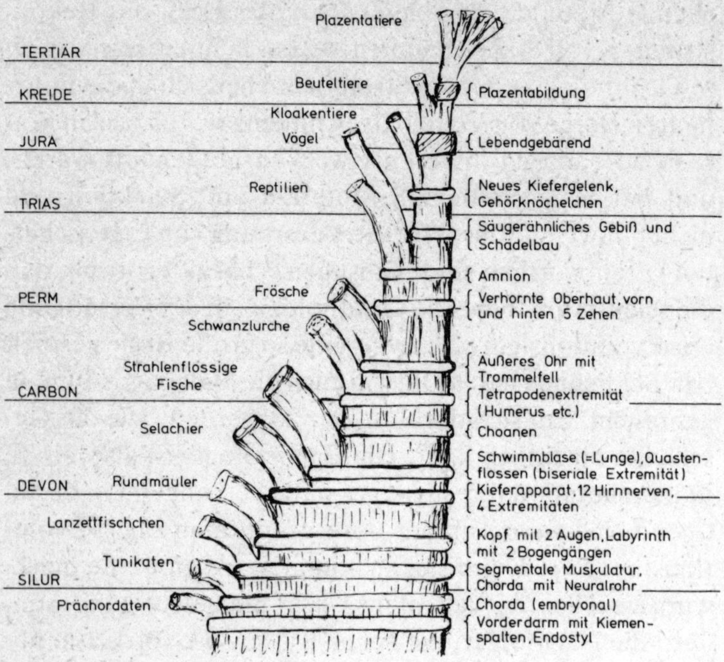

Abb. 6. Stammbaumschema. Erklärung im Text

Merkmale verbindet – also rein durch Vergleich. Die einzige Hypothese, die ich hineinstecke, liegt darin, daß ich die älteren Merkmale weiter unten hineintue. Dann bekomme ich einen Baum, in dem ich die Zeitalter hintereinander einzeichnen kann, und es stimmt – ohne einen Widerspruch. Also wenn das nicht historisch sicher ist, dann weiß ich nicht, was sicher sein soll!

K: Herr Professor, wir kommen aber jetzt an die kritische Grenze. Vor der Verhaltensforschung war es bereits aus vergleichender Anatomie, aus Embryologie, Paläontologie, geographisch vergleichender Forschung völlig klar, daß es die Evolution gibt. Aber sie stand an einer äußeren Grenze. Dort, wo die Mikroskope versagten, wo man in das Nervengewebe nicht mehr genau hineinschauen konnte ...

L: Sie stand auch an einer anderen Grenze. Sie stand nämlich an der Grenze, die durch den Meinungsstreit von zwei großen Psychologenschulen gezogen wurde.

K: »Angeboren« und »erworben«.

L: Ja. Um die Jahrhundertwende waren Psychologen der McDougallschen Schule, die Tiere ganz gut kannten, Vitalisten. Für die war der Instinkt eine außernatürliche Kraft, ein Faktor, der einer natürlichen Erklärung weder bedürftig noch zugänglich ist. Was natürlich ganz unwissenschaftlich ist und der Forschung eine Grenze setzt: Wissensverzicht. Wissensverzicht ist die größte Sünde, die ein Naturforscher begehen kann. Nun entstand die Gegenrichtung der Behavioristen, die sagten: Wissenschaft ist nur, was sich experimentell beweisen läßt. Dabei wählten sie dann das, womit man am besten experimentieren kann, nämlich den bedingten Reflex – den gab es damals schon mit Pawlow. Es spielt ja alles zeitlich zusammen: Wundts Assoziationslehre, Pawlows Reflexlehre und die Behavioristen – das kam alles in wenigen Jahrzehnten zusammen und schuf Wertvollstes. Vitalisten und Behavioristen manövrieren sich dabei gegenseitig in Positionen, aus denen sie umfallen, wenn man den Strick abschneidet, an dessen entgegengesetzten Enden sie ziehen.

K: Also die beiden Irrlehren haben Gutes getan, indem

sie Material herbeigeschafft und einander widerlegt haben ...

L: Die behavioristische Lehre hat mit dem, was sie getan hat, unendlich viel Gutes und Wichtiges herausbekommen. Was man den Behavioristen vorwirft, ist nicht das, was sie getan, sondern das, was sie übersehen haben. Was sie über die verschiedenen Arten des Lernens geschrieben haben, ist ja goldrichtig. Besonders über das Lernen durch Belohnung. Dies ist eigentlich das einzige Forschungsgebiet, das sie für legitim erklären. Alles andere ist bei ihnen abgeblendet. Das ist natürlich wieder ein Wissensverzicht.

K: Das heißt, beide Denkschulen haben das Wesentliche ausgeklammert, daß nämlich das Verhalten – von der Amöbe bis zum Menschen – ein Kategorie ist, die letztlich physiologische Ursachen haben muß und die daher in der Evolutionstheorie eine Ergänzung bietet zu dem, was man sehen kann.

L: Genau da wollte ich hin. Ihre Frage war ja eigentlich: Warum nicht viel früher diese Erkenntnis? Für einen vernünftigen Naturforscher ist Verhalten selbstverständlich die Funktion eines neurosensorischen Apparates – Sinnesorgane, Gehirn, Nervensystem, Muskeln, Effektoren, ausführende Organe. Dieser objektiv physiologisch faßbare Apparat hat eine Funktion, die wir Verhalten nennen. Selbstverständlich ist das Verhalten als Funktion eines physiologischen Apparates naturwissenschaftlich erforschbar. Nur dürfen wir uns über die Komplikation dieses Apparates keine Illusionen machen. Wir dürfen uns keine Illusionen darüber machen, wie unglaublich weit der Abstand zwischen den vorhandenen physiologischen Erklärungen und der ungeheuren Komplikation des Verhaltens ist. Deshalb ist es gute Strategie der Forschung, mit einfachen Tieren zu arbeiten. Mein Freund, Professor Franzl Huber, einer meiner Nachfolger im Max-Planck-Institut für Verhaltensphysiologie in Seewiesen, arbeitet hauptsächlich mit Insekten, mit Grillen, um die Basalgesetze des Verhaltens und ihren Zusammenhang mit physiologischen Methoden klarzukriegen. Das ist sicher gute Strategie der Forschung und man muß dem, der bezweifelt, daß das später etwa für die Menschen Wert haben könnte, entgegenhalten, daß Gregor Mendel die Mendelschen Gesetze an Erbsen entdeckt hat.

K: Aber dieser schmerzliche tote Winkel, den nur die Verhaltensforschung ausleuchten konnte, der geht ja nun allmählich zu Ende. Einerseits die Entwicklung der Genetik, andererseits der Hirnphysiologie, über kurz oder lang wahrscheinlich sogar die Aufdeckung der Chemie des Gedächtnisses. Das wird doch letztlich die Verhaltenslehre im Bereich der Physiologie bestätigen.

L: Ja, zumindest prinzipiell.

K: In hundert Jahren wird man das meiste, was bei Ihnen Verhaltenslehre heißt, vermutlich genetisch und hirnphysiologisch vollkommen materiell nachweisen können.

L: Das ist so eine Sache. Erstens glaube ich nicht, daß Informationen chemisch gehortet werden.

K: Chemo-elektrisch, physikalisch.

L: Wir brauchten nicht so viele Zellen, wenn das chemisch wäre. Die meisten zuständigen Leute glauben, daß das Synapsenerleichterungen und Synapsenhemmungen sind, die hier wirksam sind. Das Gedächtnis ist noch ganz ungeklärt. Aber daß es prinzipiell so geht, ist sicher – daran zweifelt kein Vernünftiger heute mehr.

K: Herr Professor, die Verhaltensforschung hat also einfach den Zusammenhang gesehen, der vorher nicht gesehen wurde oder nicht gesehen werden wollte: daß das Verhalten Rückschlüsse zuläßt auf Strukturen in unserem Gehirn, in unserem Nervensystem. Etwa so, als hätte man entdeckt, daß Spuren, die Tiere am Boden hinterlassen, Rückschlüsse auf die Tiere zulassen. Daß man aus einem Fußabdruck auf das Tier schließen kann.

L: Das ist ein sehr gutes Gleichnis. Selbstverständlich wissen wir, daß diese ganzen gesetzmäßigen, ungeheuer genau programmierten Verhaltensweisen der Tiere Funktion eines morphologischen Systems sind, nämlich des Nervensystems, der Sinnesorgane und der Effektoren schließlich auch. Und selbstverständlich sind wir überzeugt, daß im letzten Forschungsergebnis, in einem vorläufig noch utopischen Ergebnis, alles Verhalten auf Strukturen, Synapsen, Vorgänge in diesen Synapsen, chemische Veränderungen in den Synapsen, kurz und gut letzten Endes auf chemisch-physikalische Vorgänge reduziert werden können, aber grundsätzlich nur, wenn man die schier unlösbare Aufgabe geleistet hat, die Struktur zu verstehen.

K: Wenn man nun vom Ende dieses Jahrhunderts zurückblickt, muß man ja sagen, daß die Hoffnung besteht – zum Teil ist es ja schon geschehen –, daß dieser tote Winkel, den die Verhaltensforschung in der Evolutionslehre gefüllt hat, daß der ja nun durch Genetik, durch Aufschlüsselung der Genstrukturen, durch Hirnphysiologie, vielleicht auch einmal durch die Aufdeckung der physiologischen Basis des Gedächtnisses nachträglich ausgefüllt wird.

L: Ganz gewiß. Nur dürfen Sie bei der Erforschung, bei der Erklärung dieser Zusammenhänge niemals die Strukturen vergessen. Stellen Sie sich im elektronischen Modell vor, was für ein ungeheuer kompliziertes Wirkungsgefüge von Synapsen, Reizübertragung, Informationsübertragung, Auslösung programmierter Motorik usw. notwendig ist, daß ein einfaches Vogerl einen einfachen Grashalm erkennt, weiß, wohin es ihn trägt und in das Nest richtig einbaut, und das alles nach fix angeborenen, sichtlich programmierten Regeln (auf »angeboren« und »erworben« werden wir später noch zurückkommen). Das ist in einem geschlossenen Programm programmiert, das geht so und nicht anders. Das Naturgesetz ist allgemein. Die Form, in der es sich auswirkt, ist von der Struktur abhängig, in der es sich auswirkt. Die Newtonschen Gesetze wirken sich im freien Fall eines Steines anders aus als in einem Pendel. Die Pendelgesetze können Sie nur auf die Newtonschen Gesetze zurückführen, wenn Sie die Struktur Achse–Achsabstand–Gewicht des Pendels verstanden haben. In der Biologie ist es nicht anders: Die Mendelschen Gesetze, daß die Kinder 50 Prozent intermediär, 25 Prozent der einen, 25 Prozent der anderen Ahnenform ähnlich sind, sind ja aus der Struktur der Moleküle erklärbar, durch die Reduktionsteilung. Die Befruchtungsvorgänge erklären also in wirklichem Sinne die Mendelschen Gesetze. Sie können die Mendelschen Gesetze auf diese Vorgänge im Kern zurückführen. Das ist ein ganz einfaches Beispiel. Sie müssen sich vorstellen, wie ungeheuer kompliziert die Struktur des zentralen Nervensystems ist; nicht umsonst sind da Millionen und Abermillionen von einzelnen neuralen Elementen. Ich glaube nicht, daß sich herausstellen wird, daß chemische

Informationsaufbewahrung eine wesentliche Rolle beim Gedächtnis spielt. Wie das Gedächtnis arbeitet, haben wir noch keine Ahnung, doch mit ganz großer Sicherheit kann man heute behaupten, daß es die Struktur, die Verdrahtung, die Vernetzung dieses wahnsinnig komplizierten Apparates ist, die wir kennen müssen, um Verhalten aus der Basis der Physiologie der einzelnen Nervenzellen zu erklären. Es ist daher sicher gute Strategie der Forschung, wenn man zunächst recht einfache Modelle nimmt. Es ist immer gute Strategie der Forschung, das Naturgesetz, das man sucht, das man haben möchte, in seiner möglichst einfachen Realisation zu untersuchen. Siehe Gregor Mendel, der niemals auf die Mendelschen Gesetze gestoßen wäre, wäre er nicht mit der Nase auf die monohybriden Mischlinge gerannt, die das in so einfacher Form wie 50:25:25 Prozent ihm vormachten. Ich warne immer davor, die Größe der Lücke zwischen Hirnphysiologie und Verhalten, zwischen Nervensystem und Verhalten, zu unterschätzen. Ich bin natürlich Morphologe, ich bin Morphologe des Verhaltens und Morphologe als Anatom, und es ist letzten Endes noch Aufgabe der Morphologie des Gehirns, diese Sachen zu klären.

K: Es ist immer wieder sehr eindrucksvoll, wie Sie in ihren Büchern unermüdlich in Fortsetzung der Gedanken von Nicolai Hartmann davor warnen, die naturwissenschaftliche Gesinnung, die natürlich postuliert, daß alles Lebendige chemische oder physikalische Ursprünge haben muß, zu verwechseln mit dem Reduktionismus, der sagt, daß es *nichts* als Chemie, *nichts* als Physik ist.

L: Das hat mein Freund und Lehrer Julian Huxley als

»nothing-else-butery« – »nichts-anderes-Alserei« – bezeichnet, und ich pflege das in der Vorlesung immer durch zwei Beispiele zu exemplifizieren. Wenn ich sage, alle Lebensvorgänge sind chemisch-physikalische Vorgänge, so ist das ein Satz, der selbstverständlich für jeden naturwissenschaftlich Denkenden richtig ist. Was denn sollen sie sein? Wenn ich an keine Wunder glaube, so müssen sie chemisch-physikalische Vorgänge sein. Jetzt sage ich aber, Lebensvorgänge sind eigentlich *nichts anderes als* chemisch-physikalische Vorgänge. Das ist ganz offensichtlich falsch, denn gerade »eigentlich«, gerade hinsichtlich dessen, was ihnen zu eigen ist, sind sie eben etwas sehr viel Andersartiges. So ist es z. B. etwa mit der Struktur der »Double Helix«, des »Doppelschräubchens«, d. h. der reproduzierbaren Struktur aller lebenden Substanz.

K: Es ist vielleicht hier der Platz, nach dem Begriff zu fragen, der durch Sie in die Wissenschaft gekommen ist, nämlich dem der Fulguration. Wie macht denn die Evolution solche Sprünge? Wie leuchten diese faszinierenden Ideen wie Blitzschläge – das bedeutet ja Fulguration – in der Natur auf?

L: Ich habe gesagt, das Wort Fulguration kommt mir etwas hochtrabend vor, und ich habe mich jetzt dabei ertappt, daß ich es in einem Lehrbuch der vergleichenden Verhaltensforschung nicht gebraucht habe. Rupert Riedl gebraucht es dauernd, und ich sollte es vielleicht erklären. Die Menschheit – alle Kulturen – kennt Entwicklung nur am Beispiel der individuellen Entwicklung, der Ontogenese, der Entstehung des Individuums aus dem Keim, der Blume aus dem Samenkorn, des Hühnchens aus dem Ei.

K: Daher das Wort Entwicklung.

L: Daher das Wort Entwicklung, und Evolution ist genau dasselbe.

K: Es wird etwas ausgewickelt, es wird etwas ausgepackt.

L: Es wird etwas ausgewickelt, das heißt dasselbe. Ektropie heißt eigentlich auch dasselbe, auswickeln, und der Ausdruck »Emergenz« ist noch unpassender, weil das nämlich auftauchen heißt: ein Walfisch, der für eine Betrachtung von der Oberfläche her, für eine ganz buchstäblich oberflächliche Betrachtung unsichtbar ist, taucht auf, und jetzt ist er emergiert.

K: Also, man hat den Eindruck, die Natur weiß schon, was sie will, worauf sie hinauswill. Ein täuschender Eindruck!

L: Wirklich zweckgerichtete Vorgänge sind nur jene, wo ein Plan vorliegt, eine Blaupause, im Genom oder sonstwo, die vorschreibt, was zu geschehen hat. Und eine solche Blaupause liegt eben in der Evolution ganz sicher nie vor. Es ist das Spiel von allem mit allem, und der große, neue Schritt, der unerwartete, ist durchaus kein Wunder. Dazu brauchen wir keinen außernatürlichen Faktor zu postulieren. Der große Schritt entsteht dadurch, daß zwei vorher unabhängig voneinander existente und funktionsfähige Systeme plötzlich einen Kurzschluß machen, »zusammenschnackeln«. Mein Freund Hassenstein hat das so wunderschön in einem elektronischen Beispiel – das man sogar mimisch darstellen kann – gezeigt. Sie haben eine Batterie, zwei Elektroden, mit denen Sie Spannung messen können, und zwischen die Elektroden schalten Sie eine Induktionsspule. Wenn Sie jetzt einschalten, hat die Induktionsspule durch Selbstinduktion zuerst einen großen Widerstand, und Sie kriegen fast die ganze Batteriespannung von den Elektroden. Wenn die Selbstinduktion aufhört, fällt das langsam auf Null. Das zweite Mal schalten Sie zwischen die beiden Elektroden der Batterie einen Kondensator und messen jetzt. Da frißt zuerst der Kondensator die ganze Polspannung, die Batteriespannung ist Null; in dem Maße, in dem er sich füllt, geht sie auf die volle Batteriespannung hinauf. Jetzt integrieren Sie die beiden Teilanlagen zu einem System: Sie schalten eine Induktionsspule und einen Kondensator hintereinander. Was kriegen Sie jetzt? Etwas gänzlich Unerwartetes, nämlich eine Oszillation. Ein sehr gescheiter theoretischer Physiker hätte das voraussagen können, was da passiert. Grundsätzlich ist es – und vor allem in der Evolution – völlig unvoraussagbar, was passieren wird, wenn zwei solche Systeme zu einem einzigen integriert werden.

K: Zwei oder mehrere Systeme ...

L: Zwei oder mehrere, mehrere kommt auch vor. Das ist bei der Menschwerdung sehr wesentlich. Die neue Systemeigenschaft ist nicht nur unvoraussagbar, sondern sie ist nie dagewesen. Sie ist etwas, was auch nicht in Andeutungen existiert. Es ist gänzlich falsch zu glauben, daß in der Evolution eine Eigenschaft in stufenlosem Übergang immer stärker werden muß. Das ist nicht wahr. Der Satz »natura non facit saltum« ist falsch. Meine Frau hat gesagt: »natura always facit saltum« – die Natur bewegt sich *nur* in Sprüngen.

K: Sie haben zuerst Popper kritisiert, wegen seiner Ablehnung der Induktion. Er meint aber doch exakt dasselbe: Durch die Evolution bis hinein ins menschliche Denken geschehen die großen Fortschritte der Evolution

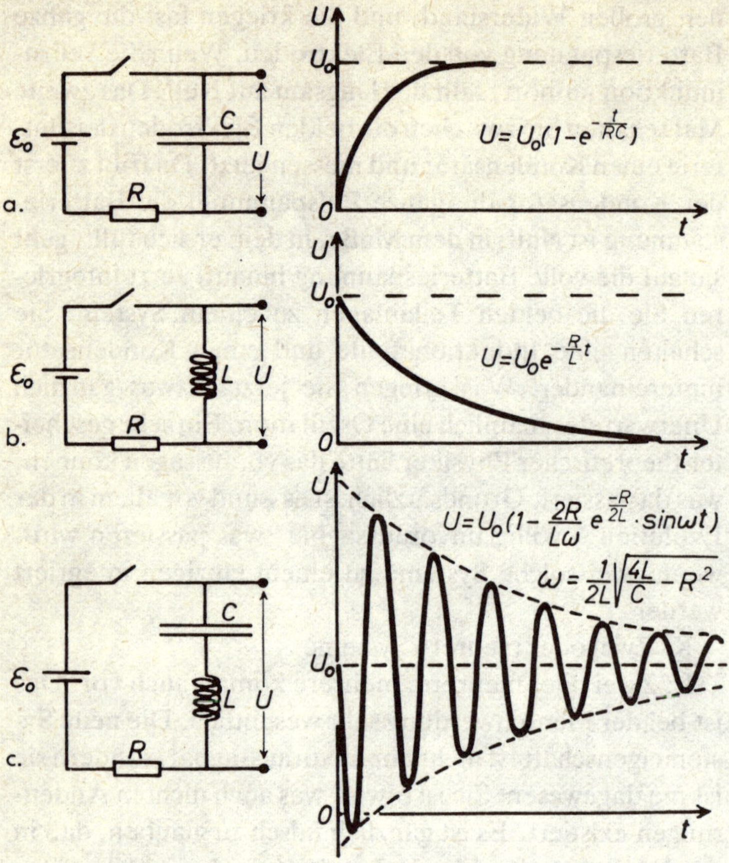
a.
$\mathcal{E}_0$
C
R
U
U_0
0
t
$U = U_0(1 - e^{-\frac{t}{RC}})$
b.
$\mathcal{E}_0$
L
R
U
U_0
0
t
$U = U_0 e^{-\frac{R}{L}t}$
c.
$\mathcal{E}_0$
C
L
R
U
U_0
0
t
$U = U_0(1 - \frac{2R}{L\omega} e^{\frac{-R}{2L}} \cdot \sin\omega t)$
$\omega = \frac{1}{2L}\sqrt{\frac{4L}{C} - R^2}$

sprunghaft, und ihre Ergebnisse sind dann der Falsifikation, der Widerlegung ausgesetzt.

L: Meine Kritik Poppers liegt auf einem anderen Gebiet. Das führt hier vielleicht zu weit. Ich habe eine andere Auslegung der Induktion. Die Sprünge, die unvoraussagbaren Sprünge sind natürlich genau dieselben, in unserer Erkenntnis wie in der Evolution. Ich würde so sagen: Im menschlichen Hirn, das begrifflich denkt, verhalten sich Begriffe, Ideen, Theorien, Hypothesen so sehr als individuelle Einheiten, daß sie miteinander ein Spiel spielen, das gar nicht so viel anders ist als das Spiel, das Arten in der Evolution miteinander spielen. Und es kann sehr wohl passieren, daß der große »Seifensieder«, der einem aufgeht, fast immer darin besteht, daß man zwei Gedanken, mit denen man längst vertraut ist, miteinander verbindet und auf einmal einsieht, daß die ja zusammenhängen und sich gegenseitig erklären.

K: Arthur Koestler nennt das den »göttlichen Funken«, die Bisoziation.

L: Das sind die göttlichen Funken. Und weil es dafür kein deutsches Wort gibt, habe ich dafür Fulguration gesagt.

K: Das ist ja der lateinische Begriff für »göttlicher Funke«, für Blitzschlag.

L: Ja.

K: Blitzartige Erhellung eines Horizonts.

L: Der Ausdruck Fulguration stammt von den Mystikern. Und die Mystiker sind überhaupt sehr nette und gescheite Leute. Nur haben wir einen etwas anderen Standpunkt, und wenn wir in einem System unerwarteterweise einen Funken sehen, denken wir nicht an den

Blitz des Zeus, sondern an einen Kurzschluß. Und dieses Gleichnis paßt hier zufällig sehr gut.

K: Herr Professor, zurück zur Frage, warum es denn eigentlich so schwer war, die Chancen der Verhaltensforschung zu entdecken. Sie haben selbst gesagt, es war das Vorurteil, das Angeborene vom Erworbenen zu strikte zu unterscheiden. Es ist ja eigentlich eine Hauptlehre der Verhaltenstheorie, daß es diesen Gegensatz gar nicht gibt. Daß im Gegenteil ein Lebewesen nur dann imstande ist, Wissen zu erwerben, wenn es die angeborenen Fähigkeiten dazu hat.

L: Sie tun jetzt der Verhaltensforschung etwas zuviel Ehre an. Manche Irrtümer waren in der Verhaltensforschung tatsächlich ursprünglich da. Die alten Verhaltensforscher, das dürfen Sie nicht vergessen, die haben das Angeborene entdeckt, das zu analysieren die Vitalisten sich weigerten. Seine Existenz wurde von den Behavioristen geleugnet, die gesagt haben, alles sei gelernt. Nun, das Verdienst der alten Ethologen war, daß sie das Vorhandensein dieser angeborenen Mechanismen entdeckt und der Wissenschaft zugänglich gemacht haben. Hier muß ich etwas erzählen: Der schönste Augenblick meines Lebens – eigentlich schöner als der Nobelpreis – war folgender. Ich habe über eben das, wovon wir jetzt gesprochen haben, einen Vortrag gehalten auf Einladung von Max Hartmann. Max Hartmann war als Kritiker gefürchtet. Ich habe viel zu lange geredet und erklärt, daß es diese angeborenen Mechanismen des Verhaltens gibt, woran man sie erkennt und sogar – bis zu einem gewissen Grade – welche physiologischen Eigenschaften sie haben. Ich war sehr aufgeregt. Es war in sehr erlauchter Umgebung: Hartmann war dort, Kuhn war dort ...es war eine gemeinsame Sitzung der ornithologischen und der Kaiser-Wilhelm-Gesellschaft. Die letzte solche Sitzung hatte in einem schmachvollen Debakel der ornithologischen Gesellschaft geendet. Es hatte nämlich mein Freund Ernst Schütz einen Vortrag über Vogelzugforschung gehalten und sehr lange geredet. Am Ende gab es keine Wortmeldung, und dann meldete sich Max Hartmann in seiner eigentümlich pfälzischen Redeweise und sagte, temperamentvoll wie er war: »Dann möchte ich nur feststellen, daß sich die deutsche Vogelzugforschung zu einer wissenschaftlichen Fragestellung noch nicht durchgerungen hat.« Und setzte sich wieder hin. Diese Äußerung war ziemlich ungerecht. Man hätte darauf antworten können, daß sich der Vortrag auf eine solide Tatsachenbasis gestützt und bewußt jeder Theoriebildung entraten hätte. Auch ich hatte zu lange geredet. Der Vorsitzende sagte: »Wünscht noch jemand das Wort? Da das nicht der Fall ist ...« – und er wollte essen gehen. Plötzlich stand Max Hartmann auf – mir fiel das Herz in die Hose. Und Max Hartmann sprach (ich weiß es heute noch auswendig): »Ich könnte manches zu dem, was Herr Lorenz gesagt hat, beitragen – vor allem Illustrationen –, da es aber sehr spät geworden ist, möchte ich Sie nur fragen, ob Ihnen allen klar geworden ist, daß hiermit ein Feld der induktiven Naturforschung zugänglich gemacht ist, das bisher ausschließlich Tummelplatz unfruchtbarer geisteswissenschaftlicher Spekulationen war. Und zwar durch einen Weg, den wir ausschließlich Herrn Lorenz verdanken.«

Das war so schön – ein Brief Max Plancks war einmal annähernd so schön – aber das war der schönste Augenblick meines Lebens.

K: Herr Professor, der scheinbare Gegensatz zwischen angeborenen und erwerbbaren Fähigkeiten ist ja auch der Ansatz, wo Ihre meisten Kritiker einhaken. Allerdings vor allem solche, die Ihre Bücher nicht gelesen haben. Denn aus Ihren Büchern geht doch eigentlich hervor, daß, je mehr angeboren ist, das heißt, je komplexer das Genom ist, je komplexer die genetische Ausstattung ist, um so mehr Fähigkeit besteht, Erfahrung zu erwerben, Freiheiten zu erwerben.

L: Richtig! An dem großen Irrtum sind zum Teil die alten Ethologen selber schuld. Wir waren so stolz, nachgewiesen zu haben, daß es Angeborenes gibt, daß sich unser Forschungsinteresse fast ausschließlich auf das Angeborene konzentriert hat. Erlerntes Verhalten, vor allem einsichtiges Verhalten, hatten wir mehr oder weniger in einen Sammeltopf dessen geschoben, was uns nicht interessiert. Das war falsch. Nun kamen die großen Kritiken seitens der Behavioristen, die an sich fruchtbar waren, die aufbauende Kritiken waren, obwohl sie sehr böse gemeint waren. Sie warfen uns vor, daß wir Ethologen beim Angeborenen und Erlernten das eine nur durch Ausschluß des anderen definierten.

K: Die Reduktion des Menschen auf die Graugans ...

L: Das hieß dann natürlich, daß wir alles Erlernte als angeboren betrachteten und den Menschen damit herabsetzten. Und umgekehrt: Alles, was wir für angeboren hielten, erklärten die Behavioristen sich aus Erlerntem. Wir haben gemeint, das Erlernte sei vom Ererbten total verschieden, jene haben gemeint, das Erlernte sei deswegen überall drin, weil alles Ererbte durch Lernen modifizierbar sei. Richtig ist, daß Angeborenes im Erlernten steckt. Nicht richtig ist, daß Erlerntes immer im Angeborenen steckt. Es gibt tausend fest programmierte Mechanismen, die nicht modifizierbar sind, die sogar nicht modifizierbar sein dürfen, weil sie im wahrsten Sinne des Wortes a priori, nämlich Voraussetzungen jeder möglichen Erfahrung sind.

K: Das heißt, die Fähigkeit zum Erlernen ist angeboren.

L: Das, worauf ich hinaus will, ist, wie Sie richtig sagen: Die Fähigkeit zum Erlernen ist auch schon angeboren. Das heißt: ein offenes Programm, ein Programm, das mehrere Möglichkeiten hat ...

K: ... ist komplexer als ein nicht offenes.

L: Ist viel komplexer als ein nicht offenes Programm. Das einfachste Beispiel dafür ist embryologisch; das Ektoderm, die Außenhaut eines Molchembryos kann eine Menge Dinge machen. Es kann einfach Außenhaut machen, es kann ein Nervensystem machen, es kann die Linse zum Auge machen. Welches davon es macht, das erfährt es von außen, nämlich von der Umgebung. Und ob man jetzt im Embryo vom Nachbargewebe was erfährt oder der ganze Organismus aus der Umgebung etwas erfährt, ist prinzipiell unwichtig. Wesentlich ist, daß Lernen diesem Vorgang, den die Embryologie Induktion nennt, insofern nahe verwandt ist, als ein Programm mehrere Möglichkeiten gibt, von denen eine verwirklicht wird. Und je mehr Möglichkeiten bestehen, das heißt, je mehr Freiheiten dieses Programm bietet, desto größer, desto extensiver muß seine genetische Programmierung sein.

K: Zu der wichtigen Frage des Selbstgefühls unserer Freiheit. In diesem Sinne könnte man sagen: Wenn wir es als Vorteil sehen, daß wir im Kafka-Schloß der komplizierten Wirklichkeit möglichst viele Türen zu möglichst vielen Räumen aufmachen können – was Freiheit bedeutet –, dann müssen wir einen möglichst großen Schlüsselbund mitnehmen. Und das ist das noch kompliziertere Angeborene.

L: Das ist ein herrliches Gleichnis, das ich, wenn Sie erlauben, zu dem meinen machen werde.

K: Und wäre der Schlüsselbund nicht so riesengroß wie unserer, dann hätten wir die Freiheit nicht ...

L: Dann hätten wir die Freiheit nicht. »Freiheit wovon« ist immer die Frage. Allerdings ist im Begriff der Freiheit immer noch das Zufallselement einzuschließen. Ein Zufall – und beträfe er nur die Frage, welchen Schlüssel Sie benützen – ist immer da zur Freiheit. Ich bin weit davon entfernt, vernünftig über Freiheit reden zu können, aber ich habe das ganz sichere Gefühl, daß in den Begriff der Freiheit ein Element der Undeterminiertheit eingehen muß, was Rupert Riedl immer betont. Wir schätzen ja auch in der Evolution die Unbestimmtheit der Richtung, die zu dem führt, was wir merkwürdigerweise als höher empfinden. Aber ganz richtig ist, daß die größere Freiheit eine größere Zahl von Determiniertheiten zur Wahl haben muß.

K: Die Komplexheit des Angeborenen hindert uns also nicht an unserer Freiheit, sie gibt sie uns.

L: Sie ist vielmehr die Voraussetzung für Freiheit.

K: Ich glaube, das ist eine gute Nahtstelle zu Immanuel Kant und Ihre Beziehung zu ihm. Sie sind 1941 auf den Lehrstuhl, den einmal der Philosophenfürst Kant innehatte, berufen worden. Wie ist denn das eigentlich gekommen?

L: Das war eine sehr komische Geschichte. Ich bin ja vom Glück verfolgt, wie ich schon apropos Hochstetter erzählt habe, und ein zweiter solcher ganz blödsinniger Glückszufall war meine Berufung auf den Lehrstuhl in Königsberg. Es war schon im Krieg, sonst wäre ich nicht so leicht von Altenberg weggegangen. Aber man hat das Gefühl gehabt, der Pflicht gehorchen zu müssen in irgendeiner Weise. Ich habe damals intensiv an angeborenen Auslösemechanismen, angeborenem Erkennen von Umweltobjekten gearbeitet, u. a. auch experimentell, unter dem Einfluß Tinbergens, der der experimentelle Lehrer in meinem Leben war. Und da fand meine Frau es notwendig, mir einen Kant zu schenken. Und ich habe so als reinen Schuß ins Blaue einmal die »Prolegomena zur Kritik der reinen Vernunft« gelesen. Wirklich gelesen, von A bis Z. Das ist das einzige von Kant, was ich je wirklich gelesen habe. Denn Kant liest man nicht, Kant übersetzt man ins Deutsche. Und das war genau das richtige. Komischerweise. Und dann passierte folgendes: Es kam mein späterer Freund Eduard Baumgarten aus Madison, Wisconsin, nach Deutschland zurück, auf einen Ruf nach Königsberg. Baumgarten ist pragmatischer Philosoph, direkter Schüler von John Dewey. Baumgarten fürchtete sich vor dem Schlagschatten Immanuel Kants. Er traf Erich von Holst, und zwar in einem Kammerorchester, wo er die Violine und Erich von Holst aushilfsweise die Bratsche spielte. Und da fragte der Baumgarten den Holst: »Sagen Sie, kennen Sie nicht einen Psychologen biologischer Prägung, der sich fürs Apriori interessiert?« Und von Holst antwortete: »Sie werden lachen, so einen singulären Vogel kenne ich, nämlich den Lorenz in Altenberg.« Die beiden rückten Otto Köhler – damals Zoologe in Königsberg, später in Freiburg – auf den Pelz. Und sie brachten es fertig, mich nach Königsberg zu bringen. In Königsberg war ich nunmehr unmittelbar dem Trommelfeuer Kantischer Ideen ausgesetzt ...

K: An der Stelle müssen wir ganz kurz ein enzyklopädisches Stichwort einschieben: Wer war Immanuel Kant? Ich glaube, es wird nächstes Jahr 200 Jahre, daß er seine »Kritik der reinen Vernunft« veröffentlicht hat. Ganz in der Nußschale zusammengefaßt: Seine Lehre sagt, daß wir a posteriori, nämlich im nachhinein, durch unsere Sinne einen wesentlichen Teil der Welt erfahren können, daß wir aber a priori – im vorhinein – in unserem Geist Inhalte vorfinden – Raum, Zeit, Kausalität –, die Anschauungsweisen sind, die dieses Bild der Welt prägen. Das heißt, daß wir wegen dieser Kategorien a priori die Welt niemals so erkennen können, wie sie ist. Und Sie haben nun – Kolumbusei – die apriorischen Inhalte des Einzelmenschen als aposterorische Erfahrungen der Evolution definiert.

L: Ja. Das habe aber auch nicht wieder nur ich allein gemacht, sondern genau das haben Karl Popper und Donald Campbell auch gemacht. Vielleicht nicht in so klaren Worten, aber jedenfalls dem Sinn nach. Kant kann man ja nicht lesen. Das ist ausgeschlossen, »im Nebenberuf« Kant zu lesen. Und ich habe dabei ein sehr unmoralisches, aber erfolgreiches Verfahren betrieben, indem ich frech gesagt habe, was ich meine, und dann geschaut habe, was die Kantianer dazu sagen. Das war zum Teil noch brieflich hier in Altenberg. Und meine Lehrer waren Annemarie Koehler, seine inzwischen verstorbene erste Frau, und H. H. Weber, der medizinische Physiologe in Königsberg. Und sie beide habe ich furchtbar geärgert. Beide haben dann immer geschrieben, was sie gegen meine Anschauungen haben. Meine These war, daß unser Weltbild ein wirkliches Bild der Realität sei, und daß die »apriorischen« Anschauungsformen und Kategorien phylogenetisch in Auseinandersetzung mit dem Realen entstanden seien, genauso wie unser Auge in Wechselwirkung mit den Gesetzen der Optik entstanden ist. Da habe ich oft die Gegenargumente der Kantianer ganz einfach abgeschrieben. Und daraus wurde dann meine Arbeit: »Kants Lehre vom Apriori im Licht der modernen Biologie.« Darin habe ich dann ungefähr folgendes gesagt – ein Gleichnis, das den Unterschied klarmachen kann: Nehmen Sie an, ein Mensch, der keine medizinischen Kenntnisse besitzt, der niemals mit Giften etwas zu tun gehabt hat – noch weniger speziell mit südamerikanischen – wird leicht mit Curare vergiftet. Sein Erleben wird dem hinter der Erscheinung der Vergiftung stehenden Ding, dem Curare, entsprechen, er wird sich aber gar kein Bild vom Curare machen, weil er keine vorherige Erfahrung hat. So stellt sich Kant das Verhältnis zwischen realer und phänomenaler Welt vor. Die reale Welt, die einmalig als Ding an sich vorhanden ist, steht in keinem Bildverhältnis zu dem, was wir von ihr erleben. Nun sage ich aber: Diese selbe Curare-Vergiftung erlebt ein Pharmakologe, der eine Menge Gifte kennt und vielleicht schon kleine Selbstversuche mit verschiedenen Giften gemacht hat. Der wird sich sofort ein Bild davon machen, was ihn da vergiftet hat: »Ha! Wahrscheinlich ist es Curare oder ein ähnlich wirkendes Alkaloid!« Und dieses vorhergehende Erleben, dieses vorhergehende Sichauseinandersetzen mit etwas hinter dem Phänomen Stehenden ist das, was unserer Ansicht nach in der Stammesgeschichte stattgefunden hat, und wir behaupten eben, daß unsere apriorischen Denk- und Anschauungsformen genauso in Auseinandersetzung von Realem in uns mit Realem außer uns entstanden sind, wie das Auge in Auseinandersetzung mit dem Lichtstrahl oder die Wellenbewegung eines schwimmenden Fisches mit der Hydrodynamik einer Wasserwelle ... und so weiter, und so fort.

K: Sie haben Goethe zitiert, sehr eindrucksvoll: »Wär' nicht das Auge sonnenhaft, die Sonne könnt' es nie erblicken.« Das heißt, das Auge ist durch Informationsgewinn über Jahrmilliarden zum Organ gewordene Lichtrealität.

L: In Anpassung an die Sonne entstanden.

K: Und ebenso, denken Sie nun, daß die Kantschen Aprioris, die Kategorien: Raum, Zeit, Kausalität, also das, was wir als Raum, als Zeit, als Kausalität in unserem Denken drinnen haben, daß das ein Korrelat in der physikalischen Wirklichkeit draußen haben muß?

L: Zu etwas Wirklichem.

K: Wir können zwar nie wirklich wissen, was der Raum wirklich ist, was die Zeit wirklich ist. Wir wissen sogar heute durch kritische Überschreitung unserer Denkmöglichkeiten, daß wir den Raum, die Zeit, die Kausalität nicht so erleben, wie sie wirklich sind. Aber es ist keine Frage, daß auch die apriorischen Eigenschaften unseres Denkens eine Wirklichkeit abbilden.

L: Ganz richtig.

K: Und so kommen Sie zum hypothetischen Realismus.

L: So komme ich zum hypothetischen Realismus. Zu der Anschauung, daß, was wir von der Welt erleben, unvollständig, wie ein Fotobild mit einem sehr groben Raster, bleiben muß.

K: Bleiben muß ...

L: ... schon weil die Welt unendlich und unser Hirn sehr endlich ist. Es muß begrenzt werden. Wir können grundsätzlich nie sagen, wieviel noch da sein mag, was sich der Möglichkeit unseres Erkennens grundsätzlich entzieht, mit dem Hirn, das wir haben; wir kennen eine Menge Dinge, mit denen wir ringen, womit wir nicht fertig werden, und das Leib-Seele-Problem klingt hier an. Ich pflege den Kantianer darauf anzusprechen, daß uns das Kantische Weltbild von der Unerkennbarkeit des An-sich-Seienden die Antwort auf die Frage schuldig bleibt, wieso wir alle dasselbe erleben. So habe ich einmal meinen verehrten Freund Weber wirklich böse gemacht. Es war die Nachsitzung der Kant-Gesellschaft im Parkhotel in Königsberg, und da saßen zum Schluß in wütender freundschaftlich-feindschaftlicher Diskussion Weber und ich allein (nach Mitternacht, während die Kellner versuchten, uns durch peristaltisches Ausknipsen der Lichter hinauszutreiben). Mir fiel zum Schluß ein Argument ein, und ich sagte: »Schauen Sie, Herr Weber, wenn gar keine Beziehungen zwischen unserem Erleben und dem »Ding an sich« bestehen, dann sind Sie mir die Antwort auf die Frage schuldig, wieso wir beide, Sie und ich, uns darüber einig sind, daß hier fünf Weingläser stehen (drei Kollegen waren schon nach Hause gegangen). Ich kann mir beim besten Willen keine vernünftigere Erklärung für diese Übereinstimmung vorstellen als die, daß das, was immer sich hinter dem Phänomen Weinglas für uns unerkennbar verbergen mag, hier in Fünfzahl vorhanden ist.« Da wurde Weber böse, schlug auf den Tisch und sagte: »Ach, das haben die Dinge nun mal so *an sich*!« Unabsichtlich sagte er: »... an sich!«

K: Also der essentielle Unterschied zwischen dem Kantschen Idealismus und ihrem Realismus ist der – weil Sie sich überzeugt haben –, daß auch die apriorischen Inhalte unseres Denkens Aposterioris, nämlich Gelerntes aus der Evolution sind, und daß Sie daraus schließen: Es gibt eine reale Welt. Und diese ist uns grundsätzlich zugänglich.

L: Sie ist uns grundsätzlich zugänglich, und ihre Existenz wird durch die Übereinstimmung von Aussagen, von neuen Aussagen, von neuen Zugängen wahrscheinlicher.

K: Daher glauben wir, die Welt hat es gegeben, ehe es uns als einzelne gab, es wird sie geben, wenn es uns nicht mehr gibt.

L: Die Sonne wird scheinen, wenn keine Augen mehr da sind, sie zu sehen.

K: Und es ist dieselbe Sonne, die alle anderen auch sehen.

L: Es ist dieselbe Sonne, die alle Augen sehen. Sie wissen ja, daß große Denker sagen: »Es gibt so viele Sonnen wie Augen.« Kant sagt: »Ich möchte wissen, wieso es kommt, daß unsere Anschauung den Sachen adäquat korrespondiert.«

K: Was Sie mit Kant verbindet, ist ja die Einsicht, daß wir die Welt niemals so erleben können, wie sie ist, aber daß wir uns überzeugen können, daß es sie gibt.

L: Ich habe noch ein Gleichnis. Was wir von der Welt wissen, ist ja immer nur das, was schon beim Urmenschen, schon beim Tier fürs Überleben wichtig war. Wir wissen von der Welt ungefähr so viel, wie ein grober Robbenschlächter oder Walfischfänger von der Biologie der Robben oder Wale weiß. Wir wissen also nur etwas ganz

Primitives, und alles andere ist für unser Hirn – so wie wir heute sind – transzendent. Ich behaupte ja immer, daß Kant, wenn er nach Darwin gelebt hätte, genau das sagen würde, was wir sagen.

K: Wenn wir ganz sicher sein können, daß uns und unsere Information – sowohl die genetische, die unsere Art gelernt hat, wie unsere eigene, die wir als Individuen lernen – die Evolution geknetet hat, und wenn wir an uns Fingerabdrücke finden, dann können wir daraus schließen, daß es eine Hand war, die uns geknetet hat.

L: Ganz richtig. Ich würde nur das »Geknetetwerden« aktiver ausdrücken. Wir haben uns hineingeknetet in eine Form, wir haben uns »hineingewurzelt« in die Spalten der Realität.

K: Versuchen wir zusammenzufassen, Herr Professor. Wenn unser eigenes, individuelles Lernen – a posteriori nach Kant – und das Lernen unserer Gattung, das Lernen des gesamten Lebens – a priori nach Kant – miteinander eine Information der Welt geliefert haben, die wir selber sind, dann ist dadurch für uns die Annahme berechtigt, daß es diese Welt, die uns in diesem Sinn geknetet hat, wirklich gibt. Wir wissen sicher, daß wir die Fingerabdrücke in uns haben, woraus wir schließen, daß es die Hand gibt, die Hand, die uns geknetet hat.

L: Dieser Schluß ist ein hypothetischer Schluß, das heißt, eine Hypothese in dem Sinne, daß sie sich durch Hinzukommen weiterer Informationen wahrscheinlicher machen läßt. Durch neue Erkenntnisse muß diese Hypothese verifiziert werden. Sie könnte auch durch Wunder falsifiziert werden. Diese Wunder sind mir, Gott sei Dank, bisher noch nirgends begegnet. Es gehört natürlich zu den fundamentalen Annahmen, die unserer ganzen Forschung zugrundeliegen, daß es solche Widersprüche nicht gibt. Sie würden unseren hypothetischen Realismus falsifizieren.

K: Hypothetisch heißt er deshalb, weil Sie davon ausgehen, daß wir die Welt zwar in ihrer Realität erkennen können, aber nie richtig, so daß wir uns der Wirklichkeit immer nur schrittweise annähern können ...

L: Im Wort »hypothetisch« steckt aber auch drin, daß ich meine Hypothese der Einweltigkeit falsifizieren bzw. durch weitere Erkenntnisse verifizieren kann.

K: Popper nennt das den »kritischen Realismus«, da der Vorgang der Kritik, der Widerlegung der Hypothese, für ihn besonders wichtig ist.

L: Aber »kritischer Realismus« nennt es Kant auch. Und die Hypothese, die wir drei aufgestellt haben, geht ein ganzes Stück weiter. Ich behaupte immer, daß Kant gegen diese Hypothese gar nichts hätte. Kant war dem Evolutionsgedanken so nahe, ich weiß nicht, ob Sie die Stelle aus den Prolegomena zur Kritik der Urteilskraft kennen, wo Kant nicht nur die Evolutionslehre, sondern auch die Selektionslehre vorwegnimmt: Es wäre ein Abenteuer des Geistes, in einer im eigentlichen Sinne vergleichenden Anatomie zu prüfen, ob die Theorie stimmt, daß die Lebewesen auseinander hervorgegangen sind. Und er scheitert dann, was auch wissenschaftshistorisch so interessant ist, daß er an die Kürze der zur Verfügung stehenden Zeit glaubt. Die Erkenntnis der Evolution wurde dadurch so lange verhindert, daß man an der Zeitrechnung der Bibel festhielt, die der Bibel von Adam bis Jesus Christus nur zirka sechstausend Jahre zur Verfügung stellt.

K: Hier kommt aber eine wichtige Frage der verbleibenden Kritiker. Wenn man das alles evolutionstheoretisch herleitet, also alle unsere Bewußtseinsinhalte, unsere Denkkapazitäten biologisch begründet, dann fragt man sich, wie kommen wir zur Fähigkeit, alle diese Dinge zu hinterfragen. Denn unser Hirn kann doch eigentlich von der Natur nur als Überlebensmaschine und nicht als Erkenntnismaschine konstruiert sein. Wo kommt diese Kapazität her, Dinge wie unsere Aprioris zu bezweifeln, die doch die Natur in unser Hirn getan hat, nicht damit wir sie widerlegen, sondern damit wir uns nach ihnen richten? Wie können wir diese Wirklichkeit aufrollen? Wo ist der Natur hier ein Fehler passiert, eine überschießende Entwicklung?

L: Ich glaube, diese Zweiteiligkeit von Überleben und Erkennen, die steckt schon in dem positiven Rückkopplungskreis drin, als den wir das Leben ganz anfänglich definiert haben. Dem Wesen des Lebens liegt Nicht-Determiniertes zugrunde. Zumindest rein funktionell trägt es Ähnlichkeiten zum Neugierverhalten – etwas zu probieren – in sich. Darüber haben wir schon diskutiert, daß das kein wirkliches Probieren ist, aber daß es so funktioniert wie Probieren. Und ein so komplizierter Apparat wie das menschliche Hirn kann natürlich eine ganze Menge Dinge, für die es nicht gemacht ist. Es kann sein, daß ein Apparat unter einem ganz bestimmten Selektionsdruck entsteht und dann plötzlich mehr kann, als das zu leisten, wozu im teleonomischen Sinne er entstanden ist, im arterhaltenden Sinne. Ein gutes Beispiel kann ich Ihnen sagen aus der von Bühler schon gelehrten und von uns weiterentwickelten Gestalttheorie: Die Gestaltwahrnehmung ist ganz sicher unter dem Selektionsdruck der Dingkonstanz entstanden.

Daß ich Farben konstant wahrnehmen kann, ist die Leistung eines sehr komplizierten Regulationsapparates, der aus der Wahrnehmung die Beleuchtungsfarbe ausschaltet und die Reflexionseigenschaften des Dinges abstrahiert – es gibt kein anderes Wort dafür. Und dieser Apparat, der ganz sicher im Dienste der Dingkonstanz entstanden ist und den schon die Biene hat – und den schon viele farbwahrnehmende Tiere haben – der kann in seiner höheren Ausbildung plötzlich etwas, das über die Leistung bei weitem hinausgeht, zu der er geschaffen ist. Die Konstanzphänomene sind sicher unter dem Selektionsdruck entstanden, der es mir möglich macht, meinen Hund von vorne, von hinten, von weitem, von der Nähe, in rotem, grünem oder blauem Licht als denselben Hund wiederzuerkennen. Und dieser Apparat kann plötzlich – ungefragt – von einer bestimmten Evolutionsstufe aufwärts etwas ganz Neues: Er kann nämlich von den individuellen Eigenschaften dieses Hundes abstrahieren und *den Hund* wiedererkennen. Das macht rein die Gestaltwahrnehmung. Ohne rationale Erwägungen sagt ein kleines Kind plötzlich »Wau-Wau« zu allen Hunden. Die Abstraktionsstufe, die es dabei gewählt hat, ist unvoraussagbar. Beim Sohn von Eibl-Eibesfeld hat »Wau-Wau« Säugetier geheißen. Zuerst haben die Eltern geglaubt, das sei ganz blöd, daß er Hunde und Katzen nicht unterscheiden kann – das hieß: »Säugetier«, im Gegensatz zu »Pipi« – Vogel. Der Vogel Strauß war genau so ein »Pipi« wie der Kanarienvogel. Die neugeborene kleine Schwester wurde ganz richtig als Säugetier unter »Wau-Wau« eingeordnet. Das ist historisch.

K: Hier spielt ja die Kategorie der Sprache eine eminente Rolle.

L: Ja.

K: Vermutlich ist es die Fähigkeit, die uns durch die Sprache zugekommen ist, nämlich Hypothesen zu bilden, die es uns ermöglichten, uns mit uns selber in Widerspruch zu setzen.

L: Ich würde sagen umgekehrt. Diese abstrahierende Fähigkeit der Gestaltwahrnehmung ist eine der wichtigsten Voraussetzungen für das begriffliche Denken. Das ist eine typische Fulguration. Es kommt eine ganze Menge von Dingen zusammen, die beim Tier schon da sind, die unabhängig voneinander funktionsfähig sind und die, plötzlich integriert, die Fähigkeit zum begrifflichen Denken als neue Systemeigenschaft ergeben, und dazu gehört die Gestaltwahrnehmung. Richtig ist, daß das begriffliche Denken selbstverständlich eine der Voraussetzungen für die dauernde Hinterfragung von allem und jedem ist.

K: Die Fähigkeit zur Kritik.

L: Und die Fähigkeit zur Selbstkritik, Selbsterkenntnis. Die Selbsterkenntnis ist etwas ganz, ganz Wesentliches für das begriffliche Denken. Wo Wissen einen im Stich läßt, ist es erlaubt zu spekulieren. Und meine Spekulation ist ja, daß die Selbstexploration und das begriffliche Denken und vor allem die Selbsterkenntnis, die Reflexion, so entstanden sind, daß der Mensch sich zuerst im Spiegelbild des Artgenossen sah. Die greifende Hand, die spielerisch die Hand des Bruders ergreift, die führt dazu, daß man denkt: »Ja das, was ich da ergreife, ist doch ganz was Ähnliches wie das, womit ich greife.« Und da ist man schon sehr nahe daran, daß das Greifen zum *Begreifen* und das Ergriffene zum *Begriff* wird. Was sich ja auch sprachlich immer wieder verifizieren läßt.

K: Wir kommen da vielleicht zur wichtigsten Frage,

über die Sie eines Ihrer wichtigsten Bücher geschrieben haben, nämlich: »Die Rückseite des Spiegels«, wie es nämlich in der Evolution ...

L: Herr Kreuzer, ich bin so froh, wenn Sie das das wichtigste Buch nennen.

K: Ohne Zweifel.

L: Ich halte ja – so wie mein Freund Goethe, mein Freund-Feind-Goethe, der ganz blöd die Farbenlehre für das Beste hielt, was er je geschrieben hatte – das Erkenntnistheoretische, das ich geschrieben habe, für viel wichtiger als die Verhaltensforschung, für die ich den Nobelpreis bekommen habe ...

K: Herr Professor, daß »Die Rückseite des Spiegels« Ihr wichtigstes und vielleicht auch Ihr liebstes Buch ist, hängt doch auch biographisch damit zusammen, daß Sie begonnen haben, es in der russischen Kriegsgefangenschaft unter sehr schweren Umständen zu schreiben.

L: Ja, das kann man schon sagen.

K: In Fortsetzung der Königsberger Gedanken?

L: In Fortsetzung der Königsberger Gedanken hatte ich mich aufs Erkenntnistheoretische konzentriert, weil ich in Gefangenschaft ja nicht anders konnte. Ich hatte keine Bibliothek zur Verfügung und konnte deshalb auch nichts über Verhaltensforschung schreiben. Und so habe ich dann auf Zementsackpapier – dafür mußte ich noch mit mehreren Brotschnitten den Schneider bestechen, damit er mir sein Bügeleisen zum Bügeln der Zementsäkke borgte – geschrieben.

K: Seit wann waren Sie in Gefangenschaft?

L: Ich bin 1944 in Gefangenschaft gekommen und 1948 zurückgekommen, war also nicht ganz vier Jahre in Gefangenschaft.

K: Und Sie haben als Arzt gearbeitet?

L: Ja, ich war die ganze Zeit als Arzt tätig ...

K: Das war ein Überlebensvorteil.

L: Das war für mich ein großer Überlebensvorteil. Ich habe da oft an meinen Vater gedacht, der gesagt hatte: »Ein guter Arzt ist noch nie verhungert!« Es hat damit angefangen – das ist auch noch ein Glückszufall in meinem Leben –, daß ich zuerst als Kraftfahrer eingezogen wurde, dann als Heerespsychologe. Dann ist die Heerespsychologie in die Luft geflogen, weil Göring daraufgekommen ist, daß Mölders von der Heerespsychologie als total fluguntauglich eingestuft worden war – und danach bin ich zur Medizin gekommen. Inzwischen hatte ich in Posen einen Psychiater kennengelernt und hatte das Glück, an der psychiatrisch-neurologischen Station des Reservelazaretts 1 in Posen unterzukommen, wo ich dann vor allem Hysteriker und Schizophrene kennengelernt habe. Und ich habe dann in der russischen Kriegsgefangenschaft sofort den Vorteil gehabt, daß ich in ein Spital gekommen bin, wo neurologisch Kranke lagen. Dort lagen nämlich sogenannte Feldpolyneuritiden. Die Russen kriegen so etwas nicht, weil sie sehr widerstandsfähig sind, aber unsereins kriegt eine multiple Polyneuritis, eine Entzündung des Rückenmarks, es ist eigentlich eine Poliomyelitis. Und das kannten die Russen nicht. Mir war die Krankheit bekannt, und ich kann sagen, daß ich vielen Leuten das Leben gerettet habe. Weil ich wußte, daß man nichts anderes machen mußte, als warmhalten und viel Vitamin C geben. Daher hatte ich bei den Russen einen Stein im Brett, gleich von Anfang an. Ich habe schnell Russisch gelernt, was ich heute wieder ganz vergessen habe, und war dann als Arzt tätig. Und in allen

Lagern war ich immer ein Mittelding zwischen Lehrer, Spaßmacher, Clown und Seelsorger.

K: Sie haben also nicht nur körperlich, sondern auch geistigseelisch überleben können, und Sie haben schreiben können.

L: Es hilft sehr, wenn man andern helfen kann. Und ich konnte mit Witzen, Vorträgen, mit »Faust«-Vorlesungen helfen. Ich habe den »Faust« von einer jüdischen Politkommissarin geschenkt bekommen. Die war so gerührt, daß ich den »Faust« auswendig konnte, daß sie mir den »Faust« geschenkt hat. Und das hat es dann erleichtert, daß ich schreiben durfte. Und ich habe in den fast vier Jahren auf Zementsäcken mit hypermangansaurem Kali ein erkenntnistheoretisches Buch geschrieben, im wesentlichen die »Rückseite des Spiegels«. Das Ende meiner Kriegsgefangenschaft war sehr unheimlich. Ich wurde plötzlich von Eriwan verlegt. Eriwan liegt am Fuße des Berges Ararat. Es ist der imponierendste Berg, den Sie sich vorstellen können, weil er sechstausend Meter hoch ist, aber fast auf Seehöhe steht, und oben hat er einen überhängenden Gletscher als Dach, das wie eine Kappe aussieht.

K: Kein Wunder, daß da die Arche Noah gelandet ist.

L: Da hat mich einmal ein ritterkreuztragender Leutnant angesprochen: »Herr Professor, sagen Sie mal: Auf dem Ararat, da ist doch mal so'n Pilot notjelandet, nich?« Und ich habe gesagt: »Jawohl, das ist schon richtig, das war auch ein Pilot, aber wie er seine Elefanten da herunterbekommen hat, das ist mir ein Rätsel . . .« Aber zurück zum Ernst. Ich habe geschrieben und wurde wegen dieses Buches von Eriwan nach Krasnogorsk, einer Vorstadt von Moskau, beordert. Auf diese Art habe ich den Kreml gesehen. Dort habe ich den Auftrag bekommen, dieses Buch in Maschinenschrift abzuschreiben, und wenn die Zensur es bewilligte, dürfe ich eine Abschrift mit nach Hause nehmen. Das Buch kam natürlich von der Zensur nicht zurück, und es ging ein Repatriierungstransport nach Österreich ab. Mir war wirklich totenübel, daß ich da nicht dabei war, weil ich auf mein Manuskript warten sollte. Da ließ mich der Lagerleiter, ein Oberstleutnant, zu sich kommen. Es war schon unheimlich, wenn man zum Lagerleiter gerufen wurde. Und wie ich zu ihm hineingekommen bin – das ist eine der menschlich rührendsten Geschichten, die ich kaum erzählen kann, ohne daß mir die Augen naß werden –, sagte er zu mir: »Setzen Sie sich, Herr Professor. Ich bin nicht mehr Ihr Vorgesetzter, Sie sind nicht mehr Kriegsgefangener. Können Sie mir Ihr Ehrenwort geben, daß in dem Manuskript, daß Sie eingeschickt haben, dasselbe steht, wie in dem Manuskript, daß Sie bei sich im Rucksack haben?« Darauf sagte ich: »Nein, das kann ich nicht. Ich habe zwei Kapitel gestrichen, vieles gekürzt und einiges dazugesetzt.« Da hat er furchtbar gelacht ob meiner Naivität und gesagt: »Nein, das meine ich nicht. Ich meine, ob da wirklich nichts anderes drinsteht als das wissenschaftliche Buch?« Da fiel bei mir der Groschen, und ich sagte: »Ja, das kann ich Ihnen mit Ehrenwort versprechen, daß nichts Politisches und nichts Berichtendes drinnensteht.« Handschlag – und er schrieb einen Propusk. Unter Überschreitung seiner sämtlichen Kompetenzen. Er schrieb einen Propusk für ein Manuskript, für einen Vogel – das war ein zahmer Star – und eine Skulptur, eine in Hartholz geschnitzte Ente. Das allein hätte noch nichts genützt. Aber er hat mündlich dem Transportbegleiter gesagt, er möge dem nächsten Transportbegleiter sagen, daß er dem nächsten Tranportbegleiter sagen möge usw. ..., daß ich nicht zu untersuchen sei und alles mitnehmen dürfe. Der Mann hat mir Jahre meines Lebens erspart, denn so kam ich mit meinem Manuskript nach Hause. Stellen Sie sich einmal vor, was das für ein Vertrauen auf den Handschlag eines völlig unbekannten Menschen ist.

K: Hier spielt der große Respekt der Russen vor der Wissenschaft eine Rolle.

L: Gewiß. Er hat mich aber auch sonst geschätzt, weil ich Vögel im Lager gehalten habe und einen freifliegenden Star gehabt habe und als verrückt galt. Er hat mich zuerst kommen lassen, weil ihm gemeldet worden war, daß ein Verrückter im Lager herumging, Fliegen fing und in eine Zündholzschachtel sperrte. Er wußte noch nicht, daß ich – der »verrückte Professor« – angekommen war. Daraufhin sagte der Lagerleiter: »Das kann nur der langersehnte Professor sein!« Er ließ mich zu sich kommen und gab mir gewaltige Mengen von Vogelfutter – soviel, daß ich davon reichliche Zusätze hatte. Ein großartiger Mensch.

K: Sie kamen also aus der Gefangenschaft mit dem fast fertig geschriebenen Buch, das später »Die Rückseite des Spiegels« wurde.

L: Ja, mit dem fast fertig geschriebenen Buch. Ich konnte natürlich dann rückkontrollieren, was ich schon anderswo geschrieben hatte, aber es war im wesentlichen »Die Rückseite des Spiegels«.

K: Der Versuch, Ihre Interpretation des Kantschen Denkens, ich möchte nicht sagen populär, aber verständlich zu machen.

L: Ja, nicht nur populär-verständlich, sondern entsprechend den Begriffen des hypothetischen Realismus: Voraussetzungen zuerst, Schlußfolgerungen später. Der ganze Grundriß des hypothetischen Realismus steht ja schon in meiner alten Arbeit »Kants Lehre vom Apriori«. Aber da habe ich das als Voraussetzung hingestellt, was eigentlich die Folge der ganzen Argumentation sein sollte.

K: Grundgedanke: Wenn man zum Verständnis seines Selbstverständnisses kommen will, sollte man die Stammesgeschichte der Entstehung dieses Selbstverständnisses, den kognitiven Apparat, studieren.

L: Genau, das ist eigentlich das Grundthema des gesamten Buches. Dieser kognitive Apparat ist ja die »Rückseite des Spiegels«.

K: Die Vorderseite ist das Bild, das wir von uns selber haben.

L: Die Vorderseite des Spiegels ist das Bild der Welt, einschließlich uns selbst. Die ganze phänomenale Welt ist das, was er spiegelt. Aber dieses Spiegelbild hat eine reale Hinterseite, die es in dieselbe Kategorie von Dingen stellt wie die Dinge, die es spiegelt. Die Tätigkeit des Spiegelns ist eine Auseinandersetzung von Realem mit Realem. Das ist die Grundthese des hypothetischen Realismus. Diese Anschauung liegt, unreflektiert und unausgesprochen, eigentlich aller Naturforschung zugrunde.

K: Sie sind ja der Meinung, daß Popper und Campbell zu ähnlichen, zum Teil gleichlautenden Erkenntnissen, unabhängig von Ihnen, parallel dazu, gekommen sind ...

L: Ja und – ohne daß er es je geschrieben hätte – schon vorher Max Planck. Max Planck hat – kurz bevor ich in den »Naturwissenschaften« »Kants Lehre vom Apriori« veröffentlicht hatte – in eben dieser Zeitschrift eine Arbeit nahezu gleichen Inhaltes veröffentlicht ...

K: Das lag in der Zeit.

L: Ja. Zum Glück hat er das zwei Wochen nach mir publiziert. Daß ich von Planck abschreibe, lag nahe, daß er von mir abschreibt, war eher unwahrscheinlich. Das bewies die Unabhängigkeit meiner Arbeit. Und daraufhin wagte ich es, Planck einen Sonderdruck zu schicken. Planck schrieb mir daraufhin einen sechs Seiten langen Brief. Der ist leider verlorengegangen. Er war in der einzigen der Kisten, die von Königsberg nach Altenberg geschickt wurden, die verlorengegangen ist. Da waren meine Sonderdrucke drinnen. Den Brief aber kann ich auswendig, und Sie dürfen mir glauben, daß ich nicht aufschneide. Planck schrieb zum Schluß: »Es gereicht mir zur großen Befriedigung, daß man, von zwei völlig verschiedenen Instruktionsbasen ausgehend, wie Sie und ich, zu so völlig übereinstimmenden Anschauungen über das Verhältnis zwischen phänomenaler und realer Welt kommen kann, wie Sie und ich ...«

K: Das ist nun eine Dimension der Erkenntnis, daß es doch *eine* Welt ist, in der wir leben, die vor uns da war, die nach uns da ist, die unabhängig von uns da ist. Das zweite große Problem, das drinnensteckt – und ich frage: Ist es damit gelöst? – ist das Problem unseres Ich-Bewußtseins. Sie nähern sich diesem Problem, aber Sie versuchen eigentlich nicht, es definitiv zu lösen.

L: Ich gehe um dieses Problem herum wie die Katze um den heißen Brei. Man kann zwar die Existenz der realen Welt wahrscheinlicher machen. Man kann aber dem Verhältnis nicht näherkommen, das zwischen der subjektiven Ralität des Erlebens und der objektiven Realität physiologischer Prozesse in unseren Sinnesorganen, unserem zentralen Nervensystem besteht. Mein Freund Gustav

Kramer hat das einmal sehr gut formuliert. Er hat gesagt: »Selbst bei einem völlig utopischen Enderfolg phänomenologischer, also subjektivpsychologischer Forschung auf der einen und objektivphysiologischer Forschung auf der anderen Seite wäre man zu keiner anderen Aussage berechtigt als zu der, daß der psychophysiologische Parallelismus in der Tat sehr parallel ist.«

K: Wenn man aber doch an die Überwertigkeit der Evolution glaubt – und das bezweifeln Sie ja nicht – dann gibt es doch eine Ebene in der Evolution, wo diese Spaltung von Subjekt und Objekt auftritt. Darunter ist sie nicht – oder ist sie ansatzweise auch darunter?

L: Ich würde sagen, daß sie »ganz unten« nicht existiert. Ich bin überzeugt von der Möglichkeit, daß durch eine Fulguration etwas nie Dagewesenes entstehen kann. Ich müßte meinem intuitiven Verständnis von Tier, Pflanze und Mensch einen furchtbaren Stoß versetzen, wenn ich annehmen sollte, daß eine Miesmuschel ein subjektives Erleben hat.

K: Das heißt aber doch, wenn man in Fulgurationen, in blitzschlagartigen Erhellungen des Entwicklungshorizontes, denkt: Es gibt wahrscheinlich zwei Superfulgurationen: nämlich die bei der Entstehung des Lebens überhaupt und die im Übergang zum Ich-Bewußtsein.

L: Aber die Fulguration zum subjektiven Erleben hat wahrscheinlich viel früher stattgefunden. Wann und wo kann niemand wissen.

K: Popper vermutet, daß sie mit der Sprache identisch ist, mit dem Spracherwerb.

L: Nein, Sie müssen zwischen bewußter Reflexion und dem einfachen Bewußtsein unterscheiden. Das subjektive Erleben, die Fähigkeit zu Freud und Leid ist bei einem

Hund gar nicht anders als bei uns. Was zu erwarten ist, denn man kennt ja die Loci im Gehirn, wo unsere Emotionen sitzen. Das ist alles im Hypothalamus und im limbischen System lokalisiert. Und das ist beim höheren Tier genauso wie bei uns, da ist anatomisch gar nicht soviel Unterschied.

K: Wie stellen Sie sich vor, daß ein höheres Tier, wenn es zu dieser Art von Innenleben fähig ist, dieses Innenleben empfindet? Es ist doch noch nicht mit dem verbunden, was wir das »Ich« nennen, das sprachliche Voraussetzungen hat.

L: Ich weiß nicht. Es hat doch eine ganze Menge Attribute des »Ich«. Es ist stolz, es imponiert, es besitzt, es strebt nach Status zwischen seinen Artgenossen und hat dabei sicher die gleichen Gefühle wie wir. Die Reflexion ist eine neue, eine weitere Fulguration. Aber die viel rätselhaftere Fulguration ist die des Bewußtseins, also des subjektiven Erlebens, das in rätselvoller Weise mit den physiologischen Vorgängen identisch ist, aber nur teilweise identisch. Denn alle Erlebensvorgänge sind zweifellos mit einer Seite ihres Wesens physiologische Vorgänge, aber nicht alle physiologischen Vorgänge sind bewußt. Gott sei Dank.

K: Kann man den Versuch unternehmen, ist es überhaupt denkbar, daß wir unsere sprachlichen Begriffe, vor allem den Zentralbegriff des »Ich« in die nichtsprachliche Phase der Tierwelt rückübersetzen? Wie empfindet ein Tier das »Ich« ohne die Sprache? Gibt es dort überhaupt das »Ich«? Ist nicht etwa für einen Hund, wenn ihm etwas weh tut, das Gefühl da: »Die Welt tut weh« oder »Es ist ein Weh in der Welt?«

L: Nein. Schauen Sie, was nennt man »Ich«-bewußt?

Ein Mensch, der »Ich«-bewußt ist, der macht genau das gleiche wie der Hahn am Mist. Er kräht, er imponiert, er will den Weibern imponieren, die Männer unterbuttern. Und im Leid ist es ebenso. Durch einen ungewollten Selbstversuch kann ich mir vorstellen, daß das Leid der Tiere viel unerträglicher ist als das unsere. Weil sie nämlich nicht den Trost der Ratio haben. Mein Beispiel ist folgendes: Ich bin auf dem Kanalschiff von Dover nach Calais und mir ist entsetzlich schlecht. Mir ist so schlecht, daß ich krepieren könnte, aber ich sehe: Dort ist die Mole von Calais, und in fünf Minuten ist das Boot dahinter, und es wird gut sein. Das heißt: Mir ist so schlecht, daß ich lieber sterben würde, als dauernd so weiter zu leben, aber ich bin nicht traurig.

K: ... während der alleingelassene Hund glaubt, daß er des Rest seines Lebens alleine bleiben wird ...

L: Ein Gegenversuch, es ist ein menschlicher Versuch: Ich habe einmal mit akutem Zahnweh auf einer Autoreise Schlafmittel mitgehabt, aber keine schmerzstillenden Mittel. Und ich habe den Wahnsinn begangen, Schlafmittel gegen Zahnweh zu nehmen. Die Schlafmittel betäuben die höheren Zentren und nicht den Schmerz, und da leidet man dann viehisch, ohne die Kontrolle des Höheren.

Und ich bin überzeugt, wenn meine Frau und ich weg sind, dann sind die Hunde so tief depressiv, daß einige von ihnen sterben würden, wenn wir nicht wiederkämen. Sie verstehen nicht einmal, daß wir am selben Tag wiederkommen – das heißt, ein bißchen schon, denn sie sind weniger traurig, wenn wir wegfahren, ohne einzupacken. Und wenn wir Koffer einpacken, sind die Hunde weg und sitzen tief deprimiert in dunklen Winkeln und sagen uns nicht »Adieu«. Sie leiden also so, jedesmal wenn wir wegfahren, als ob wir gestorben wären. Selbstverständlich hat ein solches Tier subjektive Erlebnisse. Nur können wir diese subjektiven Erlebnisse nicht nachempfinden, weil es andere sind, weil ja auch andere Nervenvorgänge mit ihnen einhergehen, mit ihnen identisch sind. Auf das Identische komme ich gleich zurück. Wenn ein Huhn ein Wort für »Furcht« hätte, würde es mit einem Wort nicht auskommen, weil die Reaktion auf einen fliegenden Raubvogel eine ganz andere ist als die auf einen Bodenräuber. Für Bodenfurcht und Raubvogelfurcht würde das Huhn zwei verschiedene Worte haben, wenn es reden könnte.

Nun zur Identität. Man kann Identität annehmen oder Parallelität. Die Parallelität ist natürlich auch – wie alle Gleichnisse – schief, weil keineswegs alles, was sich auf der physiologischen Seite abspielt, in dem Subjektiven in Erscheinung tritt. Was wir erleben, ist immer eine vereinfachte, aber verdichtete, relevant gemachte Meldung aus dem Physiologischen. Ich habe das mit einem militärischen Gleichnis ausgedrückt in einer Arbeit über das subjektive Erleben: Der Schütze Müller und der Schütze Meier haben Bauchweh. Sie melden das dem Korporal, der Korporal meldet es dem Zugführer. Der weiß von einem anderen Korporal, daß mehrere Bauchweh haben. Der übergeordnete Bataillonsführer erfährt überhaupt nur mehr, daß schlecht gekocht wurde, und der General erfährt nur mehr, daß ein Fourier schlecht gearbeitet hat. Es wäre gänzlich falsch, in dem, was auf dem Bildschirm des Generals auftaucht, nach dem Bauchweh des Schützen Müller zu suchen. Das ist nicht mehr da. Das ist also der Einwand gegen den psychophysischen Parallelismus.

Außerdem bin ich ein großer Feind jeder philosophischen, erkenntnistheoretischen Stellungnahme, die man nicht wirklich glaubt. Wenn ich sage: »Hier sitzt Herr Kreuzer«, so meine ich weder Ihre physiologisch erforschbare Körperlichkeit, noch meine ich Ihr subjektives Erleben, an dem ich nicht einen Moment zweifle, sondern ich meine ganz genau die Einheit beider. Dem Solipsisten glaube ich nicht, daß er wirklich daran glaubt, der einzige auf der Welt zu sein, sonst würde er sich nicht so ärgern, wenn ich ihm nicht glaube.

K: Herr Professor, nun zur Evolution zurück. Sie nehmen also unter den verschiedenen großen Fulgurationen – es gibt ja da eindeutig Superfulgurationen – eine ganz wesentliche, etwa in der Mitte der Evolution, an, wo der Keim des Bewußtseins in die Welt kommt. Vorher war er nicht da?

L: Ja, er kommt in die Welt, der Keim des Bewußtseins. Und wo man nichts weiß, da darf man spekulieren, und was ich jetzt sage, ist eine hundertprozentige Spekulation. Ein Apparat, der alles Gute, alles Angenehme und alles Unangenehme unter ein Vorzeichen Plus oder Minus bringt, der wird in der Evolution in dem Augenblick notwendig, wo ich etwas lerne. Wo der Organismus lernt, daß Verhalten zu unangenehmen Erlebnissen geführt hat, macht er dasselbe nicht wieder, wenn es zu angenehmen Erlebnissen führte, wird er ermutigt, »reinforced«, es zu wiederholen.

K: Also wo die offenen Programme beginnen ...

L: ... Wo die offenen Programme beginnen. Wo Plus und Minus, wo die Fähigkeit zu Freud und Leid beginnt. Diese Annahme wird durch die Tatsache bestätigt, daß ein Hund – und sogar schon eine Gans – den gleichen

Ausdruckslaut für Leid hat: Eine junge Gans fängt zu weinen an, wenn sie alleine ist, wenn sie sich fürchtet, wenn sie die Eltern verloren hat, wenn sie bei dünnem Eis eingebrochen ist und nicht gleich draufkommt, daß man da durch Fliegen rauskommen kann. Und das eindrucksvollste Weinen hatte eine zahme Schneegans. Der brachte ich immer als »Zuckerl« eine Handvoll Weizen mit, die ich in der Tasche hatte. Einmal hatte ich keinen Weizen mit, sondern Hafer. Und die Gans rannte gierig auf mich zu, ich gab ihr den Hafer, sie schaute darauf und begann laut zu weinen, wie ein enttäuschtes Kind. Diese eine Lautäußerung, für alles, was leidvoll ist, hat mir gezeigt, daß sie dabei auch etwas erlebt.

K: Herr Professor, Sie geben also dem Spracherwerb, sowohl in der Stammesgeschichte als auch in der Entwicklung des Einzelwesens, nicht jenen absolut hohen Rang für die Erklärung des »Ich« wie etwa Karl Popper, wohl aber einen sehr hohen Rang?

L: Doch! Aber das ist eine weitere Fulguration.

K: Können Sie zustimmen, daß der Spracherwerb doch die letzte und alle anderen übertreffende Fulguration, also der »Kugelblitz« der Evolution ist?

L: Der Kugelblitz der Evolution? Mit einiger Überschätzung des Menschen würde ich sagen: Ja. Gar so wichtig ist der Mensch nicht, der kann auch wieder verkommen, ist vielleicht im Begriff zu verkommen. Aber ich habe diese Frage gerne, weil uns Ethologen immer wieder vorgeworfen wird, daß wir den Unterschied zwischen Mensch und Tier unterschätzen. Und demgegenüber ist folgendes zu sagen: Die Einzigartigkeit, die Niedagewesenheit des Menschen wird gerade von jenen Leuten unterschätzt, die uns diese Unterschätzung vorwerfen. Bringen Sie sich folgendes zu Bewußtsein: Von einem virusähnlichen Vorlebewesen in präkambrischer Zeit bis zu unseren nächsten Vorfahren, bis Tertiär, wo die verschiedenen Anthropusse herumgehüpft sind, ist das Genom mit der uralten Methode von Erbänderung und Auswahl der einzige Information sammelnde und Information bewahrende und weitergebende Apparat. Es gab gewiß Lernen, aber das individuelle Lernen stirbt mit dem Individuum, und das, was das Individuum an Information weitergeben kann, ist ein infinitesimaler Bruchteil dessen, was im Genom steht. Was im Genom steht, füllt Bände, selbst wenn es nur ein Coli-Bakterium beschreibt. Und jetzt kommt plötzlich, im späten Tertiär, ein Affe daher und sagt: Das machen wir ganz anders – nämlich mit dem begrifflichen Denken. Mit dem begrifflichen Denken, das eine typische Integrationsfulguration ist. In ihr spielen die abstrahierende Leistung der Wahrnehmung, die Reflexion und das explorative Verhalten eine Rolle. Wir haben schon von der Geburt der Reflexion gesprochen, vom »Sich-Sehen« im Spiegelbild ...

K: Aber der Grund, daß diese letzte Entdeckung, der Kugelblitz der Evolution, so sehr wirksam war, muß doch ein ungeheurer Überlebensvorteil gewesen sein?

L: Ein Überlebensvorteil, den man gar nicht hoch genug einschätzen kann. Denn das, was damit passiert, ist nicht mehr und nicht weniger als die Fulguration des Erblich-Werdens erworbener Eigenschaften ...

K: Die vorher nicht möglich war?

L: ...die vorher nicht da war. Ein schöner Aphorismus von mir, den ich sehr liebe, ist: Daß etwas im allgemeinen nie vorkommt, wird einem oft erst dann bewußt, wenn der Ausnahmefall einem zeigt, wie es ausschauen würde, wenn es die ganze Zeit da wäre. Und daß es keine Vererbung erworbener Eigenschaften gibt, wird erst dadurch klar, daß sie beim Menschen eben durch das begriffliche Denken und durch die Wortsprache passiert. Denn wenn ein Mensch Pfeil und Bogen erfindet, so hat hinfort nicht nur dieser Mensch, sondern seine Familie, sein Stamm, wahrscheinlich die ganze Menschheit dieses Werkzeug. Und die Wahrscheinlichkeit, daß das vergessen wird, ist nicht größer, als daß ein körperliches Organ von gleichem Überlebenswert rudimentär wird.

K: Das heißt aber doch auch für die Hirnentwicklung: Das Hirn hat sich zuerst die Ansätze der Sprache gemacht, dann aber macht sich die Sprache durch Selektionsdruck das Hirn.

L: Ja, daran ist gar kein Zweifel.

K: Also ein ungeheuer starker Rückkopplungsprozeß.

L: Ein Rückkopplungsprozeß, und die Hirngröße ...

K: ... ist eine Folge der Sprache.

L: Sie sagen es. Sie ist ganz sicher eine Folge des begrifflichen Denkens. Das hat einen solchen Selektionsvorteil gehabt; die kleinste, armseligste, schwächste menschliche Kultur ist den größten Raubtieren überlegen. Es geht soweit, daß das Ausfallen der natürlichen Selektion schon wieder gefährlich für den Menschen wird. Würde ein moderner Biologe aufgefordert werden, Leben zu definieren, würde er ganz bestimmt das »Doppelschräubchen« des DNS-Moleküls, das Information enthält und weitergeben kann, in seine Definition des Lebens aufnehmen. Ein nur so definiertes Leben würde das menschliche Leben nicht enthalten. Weil beim menschlichen Leben ein anderer Apparat genau dasselbe schafft, aber zunächst einmal sehr viel schneller, um Zehnerpotenzen schneller.

K: Herr Professor, ehe wir zu den Gefahren kommen, die das alles für die Menschen bedeutet, und was für Sie ein sehr wichtiges Thema ist, noch eine allerletzte Frage betreffend das »Ich«-Bewußtsein, ausgehend von Vermutungen, wie sie etwa Karl Popper, mit dem Sie sich ja in deutlicher Parallele sehen, in seinem letzten Buch »The Self and its Brain« zusammen mit Eccles ausdrückt. Ich wiederhole: Er hat die Vermutung, daß das *hohe* »Ich«-Bewußtsein, die Spaltung von Subjekt und Objekt, an die Sprache gebunden ist.

L: Ich würde folgendes sagen: Das »Ich« ist sprachunabhängig. Ein »Ich« hat jeder, aber sagen kann es nur einer mit einer Sprache. Das »Ich«-Bewußtsein entsteht ...

K: Er meint genau das Gegenteil.

L: Er kennt die Tiere nicht. Er ist nicht mit einem »Ich«-bewußten Hahn, Hund oder noch besser Affen vertraut.

K: Ist es nicht denkbar, daß die sprachliche Faszination des »Ich«Erlebnisses uns dermaßen hypnotisiert in dieser letzten Evolutionssekunde – mehr ist es ja nicht, seit die Sprache auf uns einwirkt –, daß wir unter dem Schock dieses Fulgurationsblitzes stehen. Daß wir etwa das Schicksal des Narziß erleiden, der sein Bild zum ersten Mal im Spiegel erblickt und der an der Bewältigung dieses Phänomens ertrinkt ...

L: Das ist völlig richtig. Genau das habe ich schon irgendwo geschrieben, daß wir so wahnsinnig stolz auf unsere Ratio sind, auf das begriffliche Denken. Mit dem begrifflichen Denken kommt ja auch die Voraussicht, kommt die Kantische Frage an uns heran: »Kann ich die Maxime meines Handelns« usw. – was vulgär gesagt heißt: »Was du nicht willst, daß man dir tu, das füg' auch keinem anderen zu«. Wie sehr das begriffliche Denken, die Reflexion, die ganze Evolution auf den Kopf stellt, sehen Sie ja daran, wie sehr – wie Sie schon angeschnitten haben – die Sprache das Gehirn gefordert hat. Die explosive Ausdehnung des Schädels, des Gehirns, ist ja ganz sicher eine Folge der Selektion, die vom begrifflichen Denken ausgeübt wird.

K: Noch zu diesem Gegensatz, der doch offensichtlich hier zwischen Ihnen und ihrem Denkpartner Popper besteht: Sie sagen, er kann das wahrscheinlich nicht mitbekommen, weil er die Tiere nicht kennt. *Er* könnte sagen, daß möglicherweise durch die Sprache eine derartige Faszination in die menschlichen Gehirne eingepflanzt wurde, daß man sich rückblickend über die Tiere täuscht ...

L: Das will ich gar nicht leugnen. Zumal ja – wieder am Beispiel der Moral – folgendes passiert: Wir machen etwas Tierisches, etwas, das rein unserem gesunden, genetisch festgelegten Instinktverhalten entspringt ... zum Beispiel: ein Kind fällt ins Wasser. Ehe ich im geringsten denke, bin ich hinterher und ziehe es heraus. Kantisch gesprochen würde das heißen: Wenn das Männchen des Homo sapiens ein Jungtier derselben Art in Ertrinkungsgefahr sieht und es – noch dazu ohne Gefahr für sich selbst – herausziehen kann, so tut es das. Kann ich das zum Naturgesetz nehmen? Jawohl, ich kann! Und nun schmeichle ich mir, klopfe mir auf die Schulter und glaube, ich hätte das aus verantwortlicher Moral getan. Das tun wir die ganze Zeit. Wir hinterfragen gesundes, genetisch programmiertes Verhalten, ob es Naturgesetz sein kann. Und siehe da: Es *kann* nicht nur Naturgesetz sein, es ist Naturgesetz. Die Faszination an unserem begrifflichen Denken ist so groß, daß wir uns – wie gesagt – auf die Schulter klopfen und sagen: »Wieder einmal habe ich aus moralischen, vernunftmäßigen Gründen gehandelt.« Ganz sicher ist das sehr oft der Fall.

K: Vereinfacht gefragt: Ist es denkbar, daß uns das Vorhandensein unserer Sprache, insbesondere des »Ich«-Begriffes, außerstande setzt, irgendwie zu verstehen, wie ein Tier seine Innenseite erlebt?

L: Man kann ja nicht einmal die Innenseite seiner Frau und seines nächsten Freundes voll miterleben. Ich kann nicht mitvollziehen, was der Hund empfindet, wenn er sich ärgert und bellt, weil ich ganz andere physiologische Organe des Mich-Ärgerns und gar keine des Bellens habe. Das kann ich grundsätzlich nicht. Aber ich kann natürlich, wenn ich viele Tiere kenne und die vielen Analogien kenne, mit großer Sicherheit sagen, daß das Tier Freud und Leid erlebt. Schon, wenn es zwei allgemeine Ausdrücke für Freude und Leid hat, wie schon die Gans – von einem Hund rede ich gar nicht – so kann ich sagen: Es hat so etwas wie ein subjektives Erleben. Daß es eine »Ich«-Reflexion hat, kann ich mit ebenso großer Sicherheit verneinen, weil das »Ich«Bewußtsein eben der springende Punkt der Reflexion ist. Die Reflexion ist ja Wurzel, Bestandteil und entscheidender Akt in der Entstehung des begrifflichen Denkens.

K: Wie kommt es also zum eigentlichen »Ich«-Erlebnis, wie kommt es zur Subjektivität des Menschen?

L: Ja, das dürfen Sie mich wieder nicht fragen. Hier weiche ich stark ab von dem, was Eccles und Popper in dem gemeinsamen Buch »The Self and its Brain« sagen.

Die glauben doch zumindest der Lösung dieser Frage näher gekommen zu sein, und ich halte das für unmöglich. Ich glaube, daß der Hiatus zwischen Leib und Seele anderer Art ist als die anderen Stufen ...

K: Hiatus: der Abgrund, der Zwischenraum.

L: Die Kluft. Die Kluft zwischen dem Leiblichen und dem Seelischen liegt anders, vielleicht im rechten Winkel zu den Klüften, die Organisches vom Anorganischen, Tier vom niederen Tier und den Menschen vom Tier scheiden – die geht vertikal durch.

K: Aber da müßten Sie doch einen Panpsychismus annehmen. Sie müßten vermuten, daß längs durch die ganze Natur eine Innenseite besteht.

L: Eben dies nimmt Weigl an in seinem wunderschönen Buch »Geborgtes Leben«. Da rollt er das Leib-Seele-Problem auf und bekennt sich zu einem Panpsychismus, der auch dem kleinsten Atom eine kleine Seele zuspricht. Hier stimme ich wieder Eccles bei, der glaubt, daß bei einem bestimmten Niveau des Organischen, auf einer bestimmten Integrationsstufe das Erleben angefangen hat. Die Fulguration kann ja gänzlich unerwartete und unvoraussagbare Systemeigenschaften schaffen. Man kann zum Leib-Seele-Problem verschiedene Einstellungen haben, von denen jeder glaubt, sie seien gleich legitim. Das glaube ich nicht. Ich glaube nur, daß wir zwei ganz verschiedene Organe zum Erfassen zweier inkommensurabler Aspekte derselben Realität besitzen. Zwischen den beiden Aspekten, dem subjektiven und dem objektiven, liegt eine für uns undurchdringliche Wand, daher hatten auch Erich von Holst und ich als Symbol für diese Form des Parallelismus und Identismus die vertikal zwischen die Augen gehaltene Hand. Man kann annehmen, daß eine Wechselwirkung besteht zwischen dem Physischen und dem Subjektiven. Das – glaube ich – ist ein Irrtum. Wir gehen nur sehr leicht durch diese an sich undurchdringliche Wand in einem unerlaubten Sprung von einer Seite auf die andere. Ich kann die subjektiven Erlebnisse beschreiben, wenn ich eine Ohrfeige bekomme. Ich empfinde Schmerz, bin erschüttert, stehe entschlußlos da, nach einer Weile wehrt sich mein Ich gegen die Erniedrigung, verlangt elementar Rehabilitierung und findet diese, indem ich dem anderen genußvoll die Ohrfeige zurückgebe. Ich kann dasselbe Erlebnis physiologisch erklären. Ich kann sagen: Meine Schmerzsinnesorgane haben angesprochen, das bringt eine starke Hemmung des Sympathicus und Erregung des Parasympathicus, eine Lähmung der höheren Willkürbewegungen, ich stehe wie angedonnert da, ich lasse den Kopf hängen, dann schlägt die Parasympathicusreizung durch einen physiologisch bekannten Gegeneffekt in eine Sympathicus-Erregung um, die Augen treten mir aus den Höhlen, das Blut schießt mir aus dem Bauch in den Kopf, die motorische Lähmung geht in motorische Erregung über, und ich haue zurück. Nun würden manche sagen: Er ist gelähmt, weil er einen Schmerz empfunden hat – das ist aber schon nicht richtig, sondern er steht gelähmt da, weil er ... kurz und gut, ich bin versucht, von der einen Kausalkette in die andere Kausalkette überzuspringen, weil das eine sehr klar und das andere sehr unklar ist ...

K: Nun vom erkenntnistheoretischen zum moralisch-ethischen Teil, der sich in Ihrem Leben so abgespielt hat wie bei Kant: Einerseits »Kritik der reinen Vernunft«, andererseits »Kategorischer Imperativ«. Auch bei ihnen sollten die »Acht Todsünden der zivilisierten Menschheit« der zweite Band zur »Rückseite des Spiegels« werden. Also die Phase, in der in Ihnen wieder der Arzt wichtig geworden ist. Hat das mit der Projektion ihres Vaters zu tun? Im reiferen Alter erinnert man sich doch an seinen Vater?

L: Soweit sicher.

K: Er war ein großer Orthopäde, ist Ihnen irgendwann einmal die Idee gekommen, auch Sie müßten das verkrümmte Rückgrat dieser Welt geradernachen?

L: Danke für das Gleichnis. Ich wollte, ich könnte das. Mein Vater war einer der wenigen Ärzte, die nicht von Forschungsneugierde motiviert waren, sondern vom Wunsch zu helfen. Seine Autobiographie heißt daher »Ich durfte helfen«. Ich kenne einen zweiten solchen, das ist René Spitz, der so vielen unglücklichen Kindern durch seine Erkenntnisse über Hospitalismus geholfen hat. Gewiß bin ich durch meine Familie mit ärztlicher Moral imprägniert von klein auf. Dazu kommt noch, daß ich, wie ich schon angedeutet habe, in Posen eine Neurosenstation hatte, also speziell mit Hysterie in Berührung kam und mir das Wesen der Neurose nahegebracht wurde. Unter solchen Umständen wird jedem Menschen, der Augen hat zu sehen und Ohren zu hören, in den letzten Jahrzehnten klar, daß die Welt völlig verrückt ist. Sie wird nicht nur immer häßlicher, sondern immer schlechter, immer unmoralischer. Schon die Termini »Gut« und »Böse« sind aus dem Vokabularium der Medien verschwunden. Es gibt keinen bösen Menschen mehr, sondern nur mehr einen, den die Welt schlecht behandelt hat, und es gibt keinen guten Menschen mehr, sondern nur mehr einen, der richtig konditioniert wurde, usw. Und man sieht nicht, daß damit dem Menschen die wesentlichste Freiheit, nämlich die Entscheidung zwischen Gut und Böse, genommen wird.

K: Und was ist die fundamentale Diagnose dieser Krankheit? Der Stillstand der Evolution, die Problematik, die aus dieser Superfulguration des Menschen hervorgeht?

L: Ganz recht. Ich pflege bildlich zu sagen: Die Selektion hat den Menschen unter die Arme gefaßt und ihn auf die Füße gestellt und dann die Hände von ihm weggezogen. Und jetzt: Steh oder falle – wie es dir gelingt! Und die Gefahr des Fallens ist sicher sehr groß.

K: Vielleicht sollten wir die Hauptgefahren aufzählen: die eine ist die Vermassung, das Wegfallen der quantitativen Beschränkung ...

L: Die Vermassung ist ganz sicher ein Faktor. Die Vermassung auch in dem Sinne, daß sie das Individuum von der Verantwortung befreit ...

K: Hier sollten wir vielleicht mit einem Satz den Hauptinhalt ihrer Aggressionstheorie einfügen. Für Sie ist Aggression etwas vollkommen Natürliches – die innerartliche Aggression. Die Aggression ist das »*Sogenannte* Böse«. Sie dient dem Auseinanderhalten der Tiere.

L: Sie dient dem Auseinanderhalten der Tiere, und sie führt natürlich zu Wettbewerbserscheinungen, die in der Masse höchst gefährlich sind.

K: Das heißt: Die Masse ist nicht vorgesehen.

L: Ich pflege zu sagen: Der Mensch ist nicht böse von Jugend auf. Er ist gut genug für die Elf-Mann-Sozietät, auf die er programmiert ist.

K: In der funktioniert was? Die Hemmung ...

L: In der funktionieren alle Hemmungen. Da funktionieren alle zehn Gebote. Deinen besten Freund unter elfen bringst du nicht um, du stiehlst nicht sein Brot, nimmst ihm seine Frau nicht weg und so weiter. Aber wenn Sie die Massensozietät haben, daß ein ganz fremder Mensch …

K: Die Hemmung ist nur zwischen nahen Menschen möglich.

L: Die Hemmung besteht, schon bei Hunden und Wölfen, nur in bezug auf das Verhalten dem persönlichen Bekannten gegenüber.

K: Also ist es falsch, zu sagen »Homo homini lupus«. Man müßte eigentlich sagen: Der Wolf, der seinen Bruder umbringt, verhält sich wie ein Mensch. Kein Wolf bringt seinen Bruder um …

L: Er tut es seltener als der Mensch. Der Wolf tötet allerdings außerhalb des Clans. Da bestehen keine Hemmungen. Ein verirrter Wolf, der in das Gebiet eines fremden Clans kommt, wird mitleidlos umgebracht. Ein Löwe oder eine Ratte genauso.

K: Und *wir* sind aus diesem Kreis herausgeraten.

L: Es selektiert uns ja niemand. Wir können ja machen, was wir wollen. Leider sind wir so dumm, daß wir eine ganze Menge Blödsinn machen, weil unsere Einsicht in die Struktur unserer eigenen Sozietät nicht genügt.

K: Das ist der eine Aspekt: Der Mensch, der die Gruppe verläßt, der vermasst, verliert die Hemmungen in der Gruppe. Das zweite ist natürlich der Aspekt des Instrumentellen: Schon der Stein in der Hand ist von der Natur nicht vorgesehen, geschweige denn die Atombombe.

L: Mein Beispiel ist immer das Gewehr. Daß ich durch Krumm-Machen eines Fingers einem Mitmenschen die Eingeweide zerreiße, das glaubt die Emotion nicht. Das weiß ich rationell, aber die Ratio beherrscht die Emotion nicht. Was für Verbrechen sich suggerieren lassen, darüber liegen ja von amerikanischer Seite exakte Experimente vor. Wie sehr die Autorität imstande ist, eigene Hemmungen zu unterdrücken, das haben Sie bei den Nazis gesehen. Der Herr Eichmann war ein idealer Beamter. Er hat keine eigene Verantwortung empfunden und hat gemordet und dabei ein herrliches Gewissen gehabt. Er ist sich gar nicht böse vorgekommen.

K: Unter Ihren »acht Todsünden« ist das der eine Komplex, der mit der Aggression zu tun hat. Der andere ist das Außer-Kontrolle-Kommen der Masse im Sinne der Relation zum Energieverbrauch.

L: Es ist zunächst eine merkwürdige Wirklichkeitsverschiebung, die eine Folge der Wissenschaft ist. Es ist den Menschen die Macht zu Kopf gestiegen, die ihnen von der sogenannten exakten Naturwissenschaft, von Physik und Chemie, in die Hand gedrückt wurde. Dieser Hochmut, diese Megalomanie der Menschheit drückt sich nun auf zwei Arten aus: erstens in bezug auf das Wirklichkeitsbewußtsein. Es ist eine echte Geisteskrankheit der heutigen Menschheit zu glauben, daß nur das reale Existenz habe, was sich in der Sprache der exakten Naturwissenschaften ausdrücken und quantitativ verifizieren läßt. Das heißt: Alles Emotionale, Gefühl für Schönes und Gutes, für Emotionen schlechthin – das alles ist nicht real, das sind Illusionen. Das können Sie bei Skinner wörtlich so lesen. Und das hat nun die wahnsinnige Überschätzung des Quantifizierbaren und eine ebenso große Überschätzung des Machbaren zur Folge. Der Mensch glaubt, er kann alles machen und verliert jeden Respekt vor dem natürlich Gewordenen. Dazu kommt zweitens die Verschiebung des Wirklichkeitsbewußtseins. Die meisten Menschen haben in ihrer Tagearbeit nur mit von Menschen gemachten Dingen zu tun, haben es verlernt, mit natürlich Gewordenem umzugehen. Und weil sie nicht mit ihm umgehen können, bringen sie es um, sowie sie mit ihm in Kontakt kommen. Und das ist, glaube ich, die psychologische Wurzel der Umweltvernichtung.

K: ... die psychologische. Es gibt aber noch eine, die zutiefst im Wesen der Evolution steckt. Wir haben, glaube ich, am Beginn des Gespräches doch eindeutig festgestellt: Leben ist ein energiegewinnender Prozeß, noch dazu mit positiver Rückkopplung. Das englische Wort dafür, »snowballing«, sagt ja sehr viel aus, nämlich »lawinenbildend«. Leben ist seiner Natur nach lawinenbildend. Und nun läuft uns diese lawinenbildende Funktion des Lebens davon.

L: Die lawinenbildende Funktion des Lebens wurde beherrscht und hat keinen Schaden gestiftet, solange mehrere Arten von Lebewesen ein selbstregulierendes System – ein Ökosystem bildeten. Die Menschheit, die allein den Planeten beherrscht, hat aufgehört, ein selbstregulierendes System zu sein. Ein System mit positivem Feedback ist immer in einem nur labilen Gleichgewicht. Aber dieses labile Gleichgewicht hat nichts geschadet, solange das Leben der Übermacht der anorganischen Welt gegenüberstand.

K: Jede Lawine ist irgendwann zum Stillstand gekommen ...

L: Jede Lawine ist immer irgendwann zum Stillstand gekommen, es ist ein Lebewesen vom anderen abhängig, und nur der Mensch ist bisher nicht durch selektive Faktoren zum Stillstand gezwungen worden. Er wird in katastrophaler Weise in den nächsten hundert Jahren zum

Stillstand gezwungen werden, wenn er so dumm weitermacht.

K: Wenn er sich nicht selbst in dieser Weise kontrolliert?

L: Ja, ich sage, die Selektion hat die Hände von ihm abgezogen. Das heißt: Der Mensch muß jetzt in kluger, biologisch-ökologisch weit vorausdenkender Weise die Funktion der Selektion selber übernehmen. Und das sind alles harte Anforderungen, weil wir immer verwöhnter werden und immer weniger Härte vertragen.

K: Es betrifft natürlich vor allem unser Verhältnis zur Energie?

L: Ja. Wir sind gewohnt, in Energie zu schlemmen, mit Energie zu prassen, und heute früh war ich sehr böse, als der Boiler ausgesetzt hat und ich mich mit kaltem Wasser rasieren mußte. Und ich dachte, da sieht man es, wie man gänzlich unnötige, verwöhnende Lebensumstände sofort als ein Gewohnheitsrecht empfindet und böse ist, wenn es nicht mehr geht.

K: Sie verweisen immer wieder darauf, wie sehr doch das ganze Leben auf diesem Planeten noch immer auf die grüne Substanz angewiesen ist, die all dem zugrunde liegt.

L: Ja, also die Leute, die glauben, daß alles machbar sei, die wissen nicht, daß man, wie der Wiener so schön sagt, goldene Nockerln nicht fressen kann. Daß man nur das essen kann, was die Photosynthese der Pflanze mit Hilfe des Sonnenlichtes produziert, daß das das einzige wirkliche legitime Konsumgut ist, das sehen die Leute nicht ein. Sie glauben, es wird eine Innovation kommen, wir werden etwas erfinden, wir werden es machen können. Und das ist ein Irrtum, denn es ist eine Tatsache, die im Praktischen jede Hausfrau kennt, daß man nicht mehr ausgeben kann, als man einnimmt. Die einzige legitime Einnahme unseres Planeten – Geld und Energie ist dasselbe, Geld ist nur ein Symbol für Energie – ist das Sonnenlicht. Auch wenn wir die Photosynthese künstlich erzeugen können, brauchen wir dazu Energie, und die einzige Energie, die uns zur Verfügung steht, ist das Sonnenlicht.

K: Und die ist irgendwo begrenzt . . .

L: Man kann nicht mehr ausgeben, als man einnimmt. Die zweite einfache Tatsache, die jedes Schulkind, das die Zinseszinsrechnung verstanden hat, einsehen muß, die aber die Menschheit nicht verstehen will, ist, daß ein exponentielles Wachstum, d. h. ein zinseszinsmäßiges, im endlichen Raum zur Katastrophe führen muß. Ob das nun durch das Wachsen der Menschenzahl bedingt ist oder durch den zunehmenden Verbrauch des Einzelmenschen – beides steigt exponentiell. Wir müssen einsehen, wenn es mehr Menschen auf der Welt gibt, daß die Quota von Energie, Geld und allen Bequemlichkeiten, die auf die einzelnen fallen, dementsprechend geringer werden müssen.

K: »Zinseszinskurve« ist ein anderer Ausdruck für »Lawine«?

L: Ja, das ist genau dasselbe.

K: Zu einem weiteren wichtigen Punkt aus ihren »acht Todsünden«: Aus dem Verlust an Bindung an die Evolution geht auch unser Problem hervor, daß Väter und Söhne, Generationen ein falsches Verhältnis zueinander haben, daß sie das natürliche Verhältnis verlieren, daß wir damit ein Problemverhältnis zu dem haben, was wir Fortschritt nennen.

L: Ja, was eine schwere Gefahr für die Kultur bringt, denn eine Kultur ist ein lebendes System, das in sehr vielen Punkten einer Art, einem Individuum, einer Tierart ähnlich ist – auch in bezug auf die Faktoren, die ihre Entwicklung steuern. Bei jeder Tierart gibt es ein Tauziehen zwischen den konservativen Faktoren, die das Erworbene festhalten wollen, und den revolutionierenden neuen Faktoren, die etwas abbrechen müssen, um etwas Neues hereinzukriegen. Jede Struktur – und eine Tradition ist nichts anderes als eine Struktur – wird um den Preis des Steifwerdens erkauft. Das heißt: Der Wurm kann sich biegen, wo er will, wir können uns nur biegen, wo wir Gelenke haben. Dafür können wir stehen, und der Wurm kann es nicht. Eine Kultur bedarf natürlich starrer Traditionen, und sie bedarf ebenso des Aufbrechens von Traditionen, damit sie anpassungsfähig bleibt. Das ist überall bei lebenden Systemen dasselbe. Und es ist zweifellos in der menschlichen Gesellschaft so programmiert, genetisch programmiert, daß die Älteren das Konservative vertreten und die Jüngeren das Revolutionäre vertreten. Daß beide zusammen ein System der Harmonie darstellen, das angepaßt ist an die Veränderlichkeit des Lebensraumes, das hören weder die Alten noch die Jungen gerne.

K: Also in dem Sinn ist Ihre Theorie in diesem Punkt weder als konservativ noch als revolutionär zu bezeichnen. Sie postuliert das Gleichgewicht dieser beiden Funktionen.

L: Deshalb bin ich bei den Konservativen und bei den Revolutionären, Gott sei Dank, gleich unbeliebt. Ich bin das rote Tuch für beide, für extreme Jusos genauso wie für die Konservativen.

K: Sie haben ein sehr eindrucksvolles Beispiel vom Knochenwachstum in Ihren Büchern, das in diesem Punkt sehr viel aussagt ...

L: Daß der Knochen nur wachsen kann, indem er durch die Osteoklasten, die knochenfressenden Zellen, abgebaut und durch die Osteoplasten, die knochenbauenden Zellen gleichzeitig aufgebaut wird.

K: Das heißt: Wachstum ist ununterbrochenes Vernichten von Strukturen und Aufbauen von neuen Strukturen.

L: Jedes Wachsen heißt ununterbrochenes Abbauen von alten und Aufbauen von neuen Strukturen. Aber nicht Aufbauen ohne Plan, sonst wird ein Karzinom daraus. Das sind immer meine Gleichnisse: Wenn zuviel Konservatives da ist, wird ein Fossil daraus, wenn zu wenig Konservatives da ist, wenn zuviel Information über Bord geworfen wird, dann wird ein Monstrum, bzw. auf dem Niveau des Zellenstaates eine Krebsgeschwulst, daraus. Beides ist nicht schön. Und daß ein Gleichgewicht zwischen beiden da sein soll, das ist vielleicht einer der wichtigsten Punkte meiner Predigt.

K: Wie stellt sich aus Ihrer Sicht mit dieser Motivation die Problematik von autoritärer und andererseits permissiver Erziehung dar?

L: Die stellt sich folgendermaßen dar: Es ist, wie überall, von einem Gleichgewicht abhängig. Man erzielt die größten Mißerfolge bei autoritärer Erziehung und ebenso bei total antiautoritärer Erziehung. Weil der Mensch so programmiert ist, daß er Tradition nur von einem Artgenossen übernehmen kann, den er erstens gern hat und vor dem er zweitens Respekt hat. Das heißt: Es ist ein großer Irrtum zu glauben, daß man jemanden nicht gleichzeitig lieben und achten kann. Ich erinnere mich, daß ich schon als kleiner Bub die Kameraden am meisten geliebt habe, vor denen ich ein bißchen Respekt und Angst gehabt habe. Der fromme Christ spricht von Gottesfurcht und liebt Gott gleichzeitig. Das ist genau die richtige Einstellung der Vaterfigur gegenüber.

K: Autoritäre Erziehung im bösen Sinn könnte also geeignet sein, Freiheitsmöglichkeiten zu zerbrechen ...

L: Fossilien zu schaffen ...

K: ... permissive Erziehung verweigert aber das Aufbauen von Strukturen, die notwendig sind zum Erwerb der Freiheit.

L: Die notwendig sind, um die Kultur aufrechtzuerhalten. Das ist eine Maximum-Minimum-Rechnung, die ganz einfach ist. Man braucht Kinder nicht zu hauen. Es genügt, daß man die Rangordnungsstellung bewahrt. Meine jüngste Tochter, eine Psychologin, die ihre Kinder allein aufzieht, befiehlt den Kindern fast überhaupt nie etwas, aber sie ist da, sie ist als Mutter- und Vaterfigur vorhanden, und die Kinder haben einen Riesenrespekt vor ihr. Eine bloße Mißbilligung ist eine ausreichende Strafe. Es wäre völlig falsch zu glauben, daß das eine antiautoritäre Erziehung ist.

K: Herr Professor, vereinfacht gesagt, die Sünde der autoritären Erziehung kann die Verweigerung der notwendigen Freiheit sein, die Sünde der permissiven Erziehung kann die Verweigerung der Voraussetzungen der Freiheit sein ...

L: Kann Verweigerung der traditionellen Basis sein, der Stütze. Ohne Struktur gibt es keine Freiheit. Andererseits wieder ist die Freiheit, wie wir eben ausgeführt haben, an sich Negation der Struktur. Es muß immer auf dem Unterbau des Strukturierten eine Entwicklungsbreite für Freiheit da sein, innerhalb derer nichts festgelegt ist. Was not tut ist das, was Manfred Eigen so richtig bezeichnet hat: das Spiel, in dem nichts festliegt, außer den Spielregeln.

K: Auf die Spielregeln kommt es an. Es wäre zum Beispiel die extremste Verweigerung der Voraussetzungen der Freiheit, einem Kind nicht beim Erwerb der Sprache zu helfen und es sich selbst zu überlassen unter falschem Freiheitsbegriff: »Lern selber sprechen!«

L: Ja. Die Frage ist, ob es sprechen lernen würde. Wenn es mehrere Kinder wären, würden sie wahrscheinlich sprechen. Ein persischer König hat zwei Kinder isoliert von der Umwelt aufgezogen. Die haben dann angeblich aramäisch gesprochen, und er schloß, daß das die Ursprache sei. Jedenfalls würde die Sprachverweigerung zur Freiheit nicht helfen, sondern sie behindern. Der Jean-Jacques-Rousseausche Idealmensch wäre nicht ein glücklicher Wilder, sondern ein armer Idiot.

K: Das also, was im Sinne der Verhaltensforschung »offene Programme« sind, Voraussetzungen, die erst durch Prägung zu Lebenshilfen werden, gilt auch für den Menschen.

L: Das gilt auch für die Kultur, auch für kulturelle Freiheiten.

K: Spracherwerb ist der typische Fall . . .

L: Spracherwerb ist der typische Fall eines offenen Programmes: Das Kind lernt nicht sprechen, es lernt nur Vokabeln, aber die Vokabeln muß es lernen, damit es sprechen kann.

K: Und es steckt noch mehr drin, als die Sprache allein.

L: Es steckt viel mehr drin, als die Sprache allein.

Chomsky glaubt ja, daß die ganze phylogenetisch programmierte Grammatik im Dienste des begrifflichen Denkens und nicht im Dienste der Kommunkation entstanden sei. Ich glaube, es ist beides. Das begriffliche Denken ist Hand in Hand mit der Sprache entstanden.

K: Erziehungsproblematik als Ganzes gesehen: Es kann nur dann eine Erziehung zur Freiheit sein, wenn sie auch die Voraussetzungen mitgibt.

L: Ja. Nehmen Sie nur, als Symptom von Gefahren, die heutige Degeneration der deutschen Sprache. Wie viele von den besten jungen Leuten können heute noch gut Deutsch schreiben? Ein Bekannter von mir, der Professor in Freiburg ist, hat eine Studie gemacht an drei oder vier modernen Sprachen – Deutsch, Englisch, Französisch, Spanisch – und hat gezählt, wieviele Vokabeln im Jahre 1880 und – ich glaube – 1940 im Sprachgebrauch waren, und da ergibt sich ein beängstigender Verfall des Vokabulariums – mit Ausnahme des Französischen. Die Franzosen lieben ihre Sprache. Auch eine Mißachtung der grammatikalischen Regeln ergab sich. Die Mißachtung der Sprachlogik in der heutigen Presse ist ja zum Weinen. Und das vermehrt die Freiheit natürlich nicht, sondern beschränkt sie. Wenn ich nicht präzise sagen kann, was ich zu sagen habe, ist das eine Fesselung meiner innersten Möglichkeiten.

K: Herr Professor, wir haben jetzt über die »Todsünden der Menschheit« gesprochen, im Grunde über jenes Buch, in dem Sie eine Apokalypse entwerfen, eine negative Prophezeiung. Andererseits schließen doch ihre wichtigsten Bücher mit einem ungemein positiven Aspekt, nämlich mit der Betonung, daß der Mensch offen sei, daß er die Fähigkeit zur Neugier hat, die Fähigkeit zum Spiel, auch im geistigen Sinn, daß darin alle möglichen Hoffnungen der Menschen eingeschlossen sind.

L: Ich gelte als Kulturpessimist, was ein Unsinn ist. Ich würde nicht predigen, wenn ich nicht glaubte, daß ich irgendwelche Hoffnungen auf Gehörtwerden hätte. Und was die Freiheit betrifft: Ja, ich glaube, daß noch nie eine Kultur eine so gute Forschung besessen hat wie die heutige. Und Forschung und Evolution, die Neugierde des Menschen und das Werden des Lebens an sich sind ja beide in merkwürdiger Weise dem Spiel verwandt. Manfred Eigen sagt: Ein Spiel, in dem alles mit allem in Wechselwirkung tritt, ein Spiel, in dem nichts festliegt außer den Spielregeln. Wir haben doch für die Evolution wahrscheinlich deswegen ein so feines Organ, weil in uns selbst, in unserem Erkennenwollen, in unserem ureigensten Drang, die Welt zu erkennen, so viel drinsteckt, was auch in der Evolution steckt. Kein normaler Mensch kann umhin, die verschiedenen Aufeinanderfolgen der Evolution verschieden einzuschätzen. Schon Nicolai Hartmann sagt ohne weitere Begründung: »Die höhere Schichte«. Was heißt höher? Warum ist ein Schimpanse ein höheres Tier als eine Miesmuschel? Daß aber rein phänomenal diese Wertung für jeden von uns gegeben ist, können Sie dadurch belegen, daß Sie einem beliebigen Menschen eine Serie von Lebewesen, die von der Miesmuschel über Insekt, Frosch, Affe bis zum Menschenkind hinaufführt, vorlegen und dann sagen: »Bringen Sie eines davon um!« Einer, der den Schimpansen ebenso leicht umbringt wie die Miesmuschel, ist ein Monstrum, so einen finden Sie gar nicht.

Neugierde ist Weltoffenheit, so nennt es Arnold Gehlen. Die Neugierde und das Spiel, Neugierverhalten, Forschung und Kunst sind einander aufs nächste verwandt und sind um ihrer selbst da, nicht um irgendeinen Zweck zu erreichen oder etwas zu gewinnen.

K: Der Mensch ist ja auch nach Ihrer Lehre das einzige Tier, daß sich die Neugierde bis ins hohe Alter erhalten kann ...

L: Das ist eigentlich nicht von mir, das ist schon von Gehlen.

K: Aber Sie sind ein Beispiel dafür.

L: Ja, ich hoffe. Goethe hat auch gesagt: »Wenn ich zum Augenblicke sage: Verweile doch ... usw.« Hindern Sie mich, den »Faust« aufzusagen! Auf den geringsten Reiz pflege ich, »Faust«, ersten Teil, von A bis Z aufzusagen, den kann ich nämlich. Aber das Spiel ist ja die Freiheit von der Determination und in unserer gefühlsmäßigen Wertung sprechen wir auf dieselben Vorgänge in der Außenwelt, in der Evolution sehr ähnlich an wie auf Vorgänge in uns selbst. Gedanken, Begriffe, Theorien verhalten sich in unserem Geiste in einem Seifenblasenspiel sehr ähnlich, wie sich Arten in der Evolution verhalten.

K: Das heißt, Ihr Pessimismus beruht darauf, daß Sie feststellen, daß die Evolution im Menschen zum Stillstand zu kommen droht, Ihr Optimismus beruht darauf, daß der Mensch imstande sein könnte, sie geistig fortzusetzen.

L: Mein Pessimismus beruht zum Teil darauf, daß die Evolution im Menschen zu schnell geht und sich allzu leicht in unerprobten Sackgassen, in Spezialisationen, verläuft.

K: Sagen wir so: Ihr Pessimismus beruht darauf, daß die Evolution im Menschen eine Krise erlebt ...

L: Ja, und zwar eben jetzt, gerade jetzt in unserem Jahrhundert, in unseren Jahrzehnten.

K: Aber Ihr Optimismus beruht darauf, daß der Mensch die Evolution geistig selbst in die Hand nehmen könnte und daß er geistig vielleicht künftig Fulgurationen zustande brächte ...

L: Ich bin überzeugt, daß der Mensch das könnte und daß damit eine Meta-Evolution, eine Meta-Selektion geschaffen würde, die möglicherweise das Zugrundegehen unserer Kultur, der jetzigen Kultur – sie wär die erste, die nicht zugrundegeht – verhindern könnte. Wenn Sie die »Todsünden« lesen, da sehen Sie noch, daß ich einen Ton angeschlagen habe, wie ein Prediger in der Wüste. Das erscheint jetzt schon dumm und hochmütig, weil es heute so viele Leute gibt, die das schon verstehen. Und ich behaupte ja – und ich bin durchaus Optimist, sonst würde ich mir nicht die ganze Zeit den Mund fusselig reden –: Wenn in tausend Büchern immer wieder die Kurven des Energieverbrauchs, des Schnellfahrens, überhaupt des Konsumgüterverbrauchs, der Populationszunahme usw., immer wieder lauter exponentielle Kurven voll Pessimismus gezeichnet werden, dann ist dem entgegenzuhalten, daß ohne Zweifel die Erkenntnisse der Gefahren ebenso schnell mit Zinseszinsen wachsen wie die Gefahren selbst und vor allem, daß die Zahl der Menschen, die das verstehen, ebenso mit Zinseszinsen wächst.

K: Und die Konsequenz könnte im Sinne der Evolutionstheorie eine Fulguration, eine blitzschlagartige Erhellung des kollektiven Bewußtseins sein?

L: Die Hoffnung besteht, daß eine Fulguration, eine blitzschlagartige – kugelblitzartig ist ein schönes Gleichnis von Ihnen –, eine kugelblitzartige Erhellung des kollektiven Menschheitsbewußtseins eintritt, auf das Wollen der Menschheit rückwirkt. Es ist nur zu hoffen, daß dieser Punkt, diese Fulguration zu einem Zeitpunkt eintritt, in dem der Punkt jenseits möglicher Rückkehr nicht überschritten ist.

K: Also, Sie sehen die Menschheit nicht zum Tod verurteilt.

L: Keineswegs, ganz und gar nicht.

K: Aber ihr Überleben ist auch keineswegs gesichert.

L: Keineswegs gesichert. Aber wissen Sie, das Beruhigende ist: Von der Erfindung des ersten Faustkeils an, wo das Umbringen schon viel leichter gemacht wird, bis zur Erfindung der Atombombe und darüber hinaus, balanciert die Menschheit zwischen Abgrund und Paradies auf einer Rasiermesserschneide. Diese Schneide ist leider etwas schärfer geworden, aber die Chancen von großartigem Überleben und totalem Vernichtetwerden sind ungefähr die gleichen wie zur Zeit der Erfindung des ersten Faustkeiles.

K: Wie ertragen Sie das Altern?

Wie haben Sie gemerkt, daß Sie zu altern begannen, worunter leiden Sie, welche Gegenwehr leisten Sie? Gibt es irgendeinen Gewinn, der die Bürde des Alterns leichter macht?

L: Das Altern ist eine progressive Erkrankung mit absolut infanster Prognose. Keiner hat es überlebt. Die Nachteile des Alters, die ich empfinde – und jeder kann das nur für sich selbst beantworten – sind mehr körperlicher als geistiger Natur. Ich leide an meinen Arthrosen, ich leide daran, daß ich mit einem Stock gehe, und ich leide an Ermüdbarkeit, ich kann nicht mehr so viel arbeiten, wie ich immer konnte. Ich sehe Vorteile darin, daß man Unwichtiges leichter vergißt als Wichtiges, so daß das Meer des Vergessens Berggipfel isoliert und stehen läßt, was die Übersicht erleichtert. Ich glaube, eine bessere Übersicht zu haben. Das sind in wenigen Worten die Vor- und Nachteile des Alterns.

Die nachfolgenden Fragen gehören zu einem vom ZDF ausgearbeiteten Katalog von Fragen, die im Rahmen der Sendereihe »Zeugen des Jahrhunderts« jedem der Gäste »routinemäßig« gestellt wurden. Wir drucken sie im folgenden zusätzlich zu dem Interview Franz Kreuzers mit ab, weil wir sie für eine willkommene Ergänzung halten.

K: Denken Sie an den Tod?

Fürchten Sie ihn?

L: Ich denke viel an den Tod, habe aber nicht sehr viel Angst vor ihm. Ich glaube, daß der Durchschnittsmensch sich vor dem Tod viel zu viel fürchtet, weil wir nämlich durch die Selektion phylogenetisch auf Todesfurcht programmiert sind. In Wirklichkeit besteht kein Grund zu der Annahme, daß der Tod ärger ist als eine Narkose.

K: Nun stirbt aber doch der Mensch zwei Tode: den tierischen Tod, den Angsttod und den Menschentod – nämlich das Erlöschen dessen, was man sich kaum erklären kann, nämlich des »Ich«.

L: Ja, das »Ich«-Erlöschen kann man sich nicht vorstellen. Aber nichts liegt mir ferner als der Glaube an ein ewiges Weiterleben des Bewußtseins.

K: Glauben Sie, daß das menschliche Sterben durch dieses doppelte Sterben leichter oder schwerer wird?

L: Sicher schwerer. Tiere sterben leichter. Weil sie es nicht wissen. Weil ihnen die Voraussicht mangelt. Wissen Sie, daß eigentlich jeder Mensch glaubt, bei ihm wird eine Ausnahme gemacht, er wird gar nicht sterben.

K: »Alle Menschen müssen sterben und vielleicht auch ich ...«

L: Genial: »Alle Menschen müssen sterben und vielleicht auch ich« ist großartig.

K: Glauben Sie an etwas nach dem Tod? Religiös-metaphysisch oder wissenschaftlich ...

L: Nein. Ich glaube, wie mein Vater, daß die Seele sterblicher ist als der Leib, und wenn Sie einen alten Menschen sterben sehen, der an Arteriosklerose leidet, so sehen Sie, daß die Persönlichkeit schon lange weg ist und er doch noch atmet.

K: Aber könnte es nicht eine während unseres Lebens unbegreifbare Existenzkategorie geben, die einem erst im Tode erlebbar wird ...

L: Weiß ich nicht. Ich würde sagen, es ist so ähnlich wie Schlafen. Und eine potentielle Unsterblichkeit ist erstens phylogenetisch in den Nachkommen gegeben – deren ich zur Zeit elf habe –, und dann ist ja wirklich durch die Sprache, durch Schrift, das Eigentlich-Wesentliche eines Menschen erhalten, falls er nicht gestorben ist, bevor er seine Sachen fertiggeschrieben hat. Ein Mensch wie der Nicolai Hartmann, der lebt doch für mich!

K: Aber ganz tiefgehend betrachtet: Könnte nicht im Sinne des Kantschen Apriori das Erlöschen des Zeitbegriffes in die Ewigkeit führen.

L: Ja. Das ist die einzige Erwägung der Ewigkeit, die ich anerkenne, daß möglicherweise die Zeit stehenbleibt, im Moment, wo ich nicht mehr lebe, nicht mehr stoffwechsle, nicht mehr *er*lebe. Das hat wieder die schreckliche Konsequenz, daß möglicherweise der letzte, angstvolle Augenblick für mich ewig dauert ...

K: Nun wissen wir aus der Physiologie, daß der letzte Augenblick eher ein euphorischer ist.

L: Ja, ja, das wissen wir aber nur von solchen, die wiedergekommen sind.

K: Das könnte de facto das Paradies bedeuten.

L: Ja, auf alle Fälle bin ich überzeugt, daß man den letzten Augenblick zu sehr fürchtet. Man beschäftigt sich auch zuviel damit.

K: Eine schwierige Frage: Glauben Sie, daß das Leben einen Sinn hat?

L: Einen teleologisch vorgegebenen Sinn, wie es Teilhard de Chardin meint, sicher nicht. Auf der anderen Seite sehen wir natürlich, daß jede Teleologie mir die Freiheit benimmt. In einem anderen Sinne hat natürlich das Leben für jeden Menschen einen Sinn, der ein Organ dafür hat, daß der Mensch ein höheres Lebewesen ist als die Amöbe oder die Kieselalge. Die Evolution hat eben doch einen Sinn.

K: Ja, das ist eben die Frage, ob die Evolution einen Sinn hat oder ob das, was wir als Sinn empfinden, eine der uns innewohnenden, von der Evolution hervorgerufenen Selbsttäuschungen ist.

L: Das ist natürlich immer in die Erwägungen einzubeziehen! Wir schätzen das als Wert, was die Evolution seit eh und je tut. Das heißt, das freie Spiel, das oft nach unten, im Enderfolg aber nach oben führt.

K: Professor Frankl sagt, Durst ist der Beweis dafür, daß es so etwas wie Wasser gibt, und das Vorhandensein unseres Sinnbedürfnisses müsse ganz im Sinne des hypothetischen Realismus der Beweis dafür sein, daß es draußen in der wirklichen Welt ein Korrelat dazu gibt – etwas, was in der Welt »Sinn« bedeutet.

L: Diese Erwägung führt zu einer Art des Pantheismus. Ich glaube an nichts Nicht-Reales. Ich glaube nicht, daß es Wunder gibt. Wunder im Plural würden mich sogar religiös stören. Es gibt eine herrliche Novelle von Kurt Lasswitz, dem Vater der Science-Fiction, da holt der Teufel einen Professor. Der Professor merkt sofort, daß das auf einen Vernunft-Wettstreit hinausläuft, zwischen dem relativ dummen Teufel und dem gescheiten Menschen.

Er merkt, daß dieser Wettstreit die Form einer Physikprüfung annimmt. Er sagt gleich am Anfang: »Herr Teufel, eine Frage: Können Sie Wunder tun?« Da sagt der Teufel: »Elender Erdenwurm, Du willst die Handlungen unendlicher Geister einteilen in Wunder und Nicht-Wunder? Selbstverständlich kann ich Wunder tun. Alles, was ihr nicht versteht, ist für euch ein Wunder.« Darauf der Professor: »Ich will meine Frage präzisieren. Können Sie Energie oder Materie vernichten, ohne daß eins zum anderen wird?« (Die Geschichte wurde 1899 geschrieben, das ist der Genius des Dichters.) Der Teufel sagt: »Nein, das kann ich allerdings nicht.« Der Professor fragt: »Sie haben vorhin von ›unendlichen Geistern‹ gesprochen, das klingt, als ob es mehrere wären?« »Ja«, sagt der Teufel, »der eine bin ich, vom anderen rede ich nicht gern!« Auf die Frage: »Kann der andere Wunder tun?« wird der Teufel ganz wild, fährt in die Höhe, spuckt Feuer und schreit: »Das weiß ich nicht, der tut es nämlich nicht!«

Wenn Sie mich fragen, warum ich an Telekinese und all das nicht glaube: weil es meine Religion stören würde. Ich habe einen »blind spot« für Wunder, weil ich sie nicht mag. Also muß ich eigentlich sagen, daß meine Ablehnung von Wundern religiöser Natur ist.

K: Glauben Sie, daß Sie je im Leben politisch tätig waren oder haben Sie gewünscht, politisch tätig zu sein?

L: Ich habe mein ganzes Leben, von Kindheitszeiten an, gewünscht, nicht politisch tätig zu sein. Ich bin schon auf Schulausflüge nicht mitgegangen. Im Augenblick ist meine Situation so, daß ich – im Interesse meiner Forschung – gezwungen bin, extrem unpolitisch zu sein, denn die Hauptträger meiner Forschungen sind die Frau Bundesminister Firnberg und der Herzog von Hannover.

K: Wenn die Grünen auf die Idee gekommen wären, einen österreichischen Bundespräsidentschaftskandidaten aufzustellen, hätten Sie kandidiert?

L: Nein. Ich schätze viele Bestrebungen der Grünen sehr, aber ich würde mich niemals politisch betätigen. Ich habe etwas anderes zu tun als Bundespräsident zu sein. Ich bin voll Torschlußpanik, ob ich die Bücher fertigschreiben kann, die mir noch obliegen.

K: Was haben Sie im Leben mit Nationalsozialismus und Kommunismus für Erfahrungen gemacht, also mit den extremen politischen Systemen?

L: Interessant ist bei dieser Frage die Zusammenstellung. Beide politische Richtungen haben eine extrem gute Technik, junge Leute zu fangen. Alle Indoktrinierer von Beruf können das – die Jesuiten haben das auch schon gekonnt. Ich kenne das begeisterte Heldengesicht mit vorgestrecktem Kinn von jungen Christen, Mitgliedern der YOUNG MEN'S ASSOCIATION in Amerika, von jungen Nazis und von jungen Bolschewiken. Ich weiß nicht, ob es jetzt noch so ist, aber zur Zeit meiner Kriegsgefangenschaft war es so, daß gerade die anständigsten und nettesten jungen Sowjetbürger ernstliche Versuche gemacht haben, einen zu ihrer politischen Religion – denn es ist eine Religion – zu bekehren.

K: Sie haben diese Art von Heroismus immer als Übel empfunden.

L: Ich habe diese Art von Heroismus immer als sehr gefährlich empfunden, und zwar, weil es extrem verführend ist. Sie sehen nämlich an den Gesichtern dieser jungen Leute, daß die völlige Hingabe an eine Doktrin komischerweise subjektiv die beglückendsten Gefühle persönlicher Freiheit gibt – also ein Gefühl von dem, was es gerade nicht ist: extreme Indoktriniertheit.

K: Mußten Sie in der Zeit des Nationalsozialismus irgendwelche Kompromisse schließen?

L: Ich habe sogar gehofft, daß der Nationalsozialismus etwas Gutes bringen wird, nämlich in bezug auf die Hochschätzung der biologischen Vollwertigkeit des Menschen, gegen Domestikation usw. Daß die Leute »Mord« meinten, wenn sie »Ausmerzen« oder wenn sie »Selektion«

sagten, das habe ich damals wirklich nicht geglaubt. So naiv, so blöd, so gutgläubig – nennen Sie es, wie Sie wollen – war ich damals.

K: Von wann an ist Ihnen das klar geworden?

L: Da war ich schon Soldat. Da habe ich in Posen zum erstenmal Transporte, nicht von Juden, sondern von Zigeunern gesehen. Da sind mir allerdings die Haare zu Berge gestanden.

K: Eine Frage, die in Sachen Kommunismus weiterführt. Können Sie sich vorstellen – der Nationalsozialismus ist ja verschwunden –, daß der Kommunismus in dieser Welt eine Chance hat, daß er siegen wird? Können Sie sich vorstellen, letztlich in einem kommunistischen Land, in einer kommunistischen Welt leben zu müssen?

L: Lieber nicht. Ich war vier Jahre in Rußland. Ich weiß, wie der Gewissenszwang aussieht, der den Menschen im Allerinnersten zwingt. Die Frage ist, wie weit der Bolschewismus diese religiöse Fähigkeit zum Gewissenszwang weiter behalten wird. Denn bekanntlich nehmen die Suggestivkräfte der großen Religionen mit der Zeit ab. Ob der Kommunismus mit der Zeit erträglich wird, weiß ich nicht. Ich habe einmal im Leben – es war bei einem Vortrag in Starnberg – ganz impulsiv auf den »American way of life« und auf den Bolschewismus gleicherweise geschimpft. Da stand ein junger sozialistischer Mensch auf und sagte: »Was sind Sie dann politisch?« Ich sagte: »Ich bin Dubčekianer.« Damals war gerade die Zeit des Prager Frühlings.

K: War das für Sie eine Hoffnung, daß aus dem Kommunismus etwas werden könnte?

L: Ja, da habe ich geglaubt, jetzt könnte eventuell aus dem Kommunismus etwas werden.

K: Glauben Sie das noch, etwa in Sachen Eurokommunismus?

L: Mein Sohn sagt immer: Der »American way of life« hat den Nachteil, eine schwache, faule Opposition zu züchten, der Gewissenszwang des Bolschewismus hat die Folge, großartige Leute zu züchten, Leute wie Solschenizyn oder Dubček. Von diesem Gesichtspunkt aus ist der Bolschewismus vielleicht auf lange Sicht lobenswerter als die amerikanische Verwöhnung und Gemütlichkeit. Jedenfalls stimuliert er augenscheinlich wie keine andere politische Richtung den Drang zur Freiheit.

K: Sagt Ihnen heute der Begriff »Deutschland« etwas, hat er einen Bezug zum Begriff »Vaterland«, wünschen Sie sich, daß das, was einmal Deutschland war oder zwischendurch Deutschland war, jemals wieder als politisches Ganzes vereinigt sein soll?

L: Rein gefühlsmäßig würde ich sagen: Ja. Weil nämlich die politische Trennung eine künstliche ist. In Wirklichkeit gehören alle Menschen zusammen, die Goethe für den größten Dichter halten – vom Kulturstandpunkt, nicht politisch. Ich glaube allerdings, das wäre auch ohne politische Einigung möglich. Aber jedenfalls bin ich für das Bewußtsein der gemeinsamen Nation.

K: Könnten Sie sich vorstellen, daß andere Entwicklungen, europäische Entspannungs-Entwicklungen eine Art des Zusammenkommens dieser Goethe lesenden Menschen bewirken, die nicht mehr eine nationale ist?

L: Ich würde sagen, daß das Zusammengehörigkeitsgefühl der Goethe-Lesenden und der Shakespeare-Lesenden einander nicht im Wege steht. Es gibt Leute, die Goethe und Shakespeare lesen, wie wir es ja alle machen.

K: Also ein geistiges Weltbürgertum ...

L: Ein geistiges Weltbürgertum ist anzustreben und ist ja die Voraussetzung für eine vernünftige Regierung der ganzen Menschheit. Wenn Sie Überproduktion und exponentielle Entwicklungen verhindern wollen, müssen Sie ja zuerst ein Weltbürgertum schaffen. Solange nicht ein Weltbürgertum von annähernd gleich gut lebenden Menschen besteht, werden Sie dem armen Kerl, der in der Sahel-Zone verhungert, nicht einreden können, daß es nicht der Gipfelpunkt allen menschlichen Glücks ist, einen Bauch zu haben und in einem Cadillac zu fahren.

K: Was ist in Ihren Augen Fortschritt?

L: Fortschritt ist das Gegenteil von dem, was die heutige Technokratie als Fortschritt bezeichnet.

K: Damit ist auch die Frage beantwortet, was Sie von der Technik halten.

L: Bitte, ich will keineswegs die Technik über Bord werfen. Nichts liegt mir ferner, als das Rad der Geschichte zurückdrehen zu wollen. Wir werden auf die Technik, wenn wir die heutigen Probleme der Menschheit – Überpopulation, Anwachsen des Bedarfs usw. – gelöst haben, keineswegs verzichten. Es ist grundfalsch, wenn von mir behauptet wird, daß ich ein »Nostalgiker« bin. Ich will absolut nicht zur Zahntechnik des vorigen Jahrhunderts zurückkehren. Das ist das letzte, was ich möchte, denn ich bin sehr wehleidig. Fortschritt ist natürlich künstlerische Entwicklung, die momentan sehr stockt. Es gibt Zeitalter, in denen die wissenschaftliche Entwicklung sehr kreativ ist und die künstlerische sehr wenig. Man kann nicht vorhersehen, wie das weitergeht. Ich würde sagen, daß Fortschritt, unter aller Benützung der Technik, auf dem Gebiete der neugierigen Forschung und auf dem Gebiet der kreativen Kunst liegt.

K: Was halten Sie von Radio, Fernsehen, Massenmedien?

L: Dasselbe wie von der Technik überhaupt. Potentiell ein großartiges Mittel für den wirklichen Fortschritt und zugleich eine schwere Gefahr, daß dieser wirkliche Fortschritt verhindert wird. Die »Idiotenröhre« ist das Fernsehen zweifellos, wenn man wahllos hineinschaut. Ich habe seit ungefähr einer Woche ein Fernsehgerät. Wissen Sie, warum ich es mir angeschafft habe? Weil mir ein guter Freund, Bernd Lötsch, erzählt hat, daß die Sendung über Darwins Reise so ausgezeichnet war. Ich habe das Gerät schnell gekauft, damit ich die letzten drei Fortsetzungen noch mitkriegen konnte. Es stand tatsächlich dafür. Weiters stehen die vielen Naturfilme dafür, auch die schlechteren – oft diese besonders. Dafür lohnt es sich wirklich, einen Fernseher zu kaufen. Aber ich schaue mir um Gottes willen nicht die Werbefilme an und ärgere mich meistens sehr, wenn ich mir ein Lustspiel ansehe.

K: Es ist ja auch kein Zweifel: Wenn Sie an eine geistige Umwertung der Werte denken, dann ist ja das letztlich nur wieder über die Massenmedien möglich.

L: Ja. Und so wenig ich auf die wassergekühlten Zahnbohrer verzichten möchte, möchte ich als Weltverbesserer, als der ich mich bekenne, auf das Medium verzichten, mit dem ich am erfolgreichsten an das Publikum herankomme. Unsere jetzige Sendung, die Reihe »Zeugen des Jahrhunderts«, setzt ein sehr gescheites Publikum voraus. Ich weiß nicht, wieviele Hörer mitkommen. Aber die allgemeinen Sendungen, auch die »commercials« unterschätzen die Intelligenz des Publikums, das Publikum ist viel gescheiter, als die meisten Medien annehmen. Dafür spricht, daß die »Acht Todsünden der Menschheit«

ein Bestseller war. Das ist kein attraktives Thema und hat sich äußerst gut verkauft. Das spricht ja für das Publikum.

K: Also, die Massenmedien sind für Sie auch eine Hoffnung?

L: Die Massenmedien sind eine Hoffnung und zum Teil eine Gefahr. Sie bedürfen, so wie alle Technik, der Zügelung durch einen Menschen, der echte Werte kennt und falsche Werte verurteilt.

K: Was ist »Glück« in Ihrem Leben? Wann haben Sie geglaubt oder wann glauben Sie, glücklich zu sein? Was ist persönliches Glück?

L: Verschiedenes. Persönliches Glück ist Freundschaft und Liebe. Menschen zu haben und zu kennen, die einen gern haben, die zu einem kommen, das gibt einem eine unglaubliche Sicherheit. Es ist, glaube ich, für einen inneren Gleichgewichtszustand des Menschen unerläßlich. Deswegen macht ja die Gehirnwäsche das Gegenteil, die einen ganz isoliert, alles wegnimmt.

K: Also biologisch erklärt: *ein* Schimpanse ist *kein* Schimpanse – *ein* Mensch ist *kein* Mensch.

L: *Ein* Mensch ist erst recht *kein* Mensch. Weiters ist auch kein Mensch, wer nicht neugierig ist und wer nicht arbeitet. Das höchste Glück, reines kindhaftes Glück ist für mich, etwas Neues zu sehen. Das Auspacken eines Tieres, das ich noch nie gehabt habe, ist für mich heute noch Glück wie Weihnachten in seliger Kindheitszeit. Und dann ist zweifellos ein großes Glück das Gelingen. Wenn eine Formulierung gelingt, ein Buch fertig ist. Höchstes Glück ist vielleicht eine Fulguration, wenn man sagt: »Aha!« – das Aufgehen eines »Seifensieders«.

K: Das Erlebnis des »göttlichen Funkens«.

L: Ja, das Erlebnis des göttlichen Funkens. Das ist vielleicht das höchste, uns Menschen vergönnte Glück.

Konrad Lorenz

Die acht Todsünden der zivilisierten Menschheit

11. Aufl., 328. Tsd. 1980. 112 Seiten. Serie Piper 50. Kart.

Die Rückseite des Spiegels

Versuch einer Naturgeschichte menschlichen Erkennens.
Sonderausgabe. 1975. 353 Seiten. Geb.

»Dieses Buch von Konrad Lorenz ist ein großer Schritt nach vorn. Lorenz versucht eine Erkenntnistheorie auf naturwissenschaftlicher Grundlage zu geben. Das Buch geht noch weiter: es geht über den einzelnen erkennenden Menschen hinaus, es versucht Erkenntnis als kollektiven gesellschaftlich-kulturellen Prozeß zu begreifen.« Süddeutscher Rundfunk

Das Jahr der Graugans

1979. 200 Seiten mit 148 Farbfotos von Klaus und Sybille Kalas. Leinen

Über tierisches und menschliches Verhalten

Aus dem Werdegang der Verhaltenslehre.
Gesammelte Abhandlungen.
Band 1: 17. Aufl., 139. Tsd. 1974. 412 Seiten mit 5 Abbildungen. Kart.
Band 2: 11. Aufl., 100. Tsd. 1974. 398 Seiten mit 63 Abbildungen. Kart.

Das Wirkungsgefüge der Natur und das Schicksal des Menschen

Gesammelte Arbeiten des Nobelpreisträgers.
Herausgegeben und eingeleitet von Irenäus Eibl-Eibesfeldt. 1978.
367 Seiten mit 23 Abbildungen. Kart.

Serie Piper:

Abitur-Normen gefährden die Schule Hrsg. v. A. Flitner u. D. Lenzen. SP 160
Albers, Gerd Was wird aus der Stadt? SP 27
Ammon, Günter Psychoanalyse und Psychomatik. SP 70
Andres, Stefan Der Dichter in seiner Zeit. SP 106
Andres, Stefan Wir sind Utopia. SP 95
Ansermet, Ernest/Piguet, Jean Claude Gespräche über Musik. SP 74
Arendt, Hannah Macht und Gewalt. SP 1
Arendt, Hannah Über die Revolution. SP 76
Arendt, Hannah Wahrheit und Lüge in der Politik. SP 36
Arendt, Hannah Walter Benjamin – Bertolt Brecht. SP 12
Arendt, Hannah Vita activa oder Vom tätigen Leben. SP 217
Autrum, Hansjochen Menschliches Verhalten als biologisches Problem. SP 148
Ayer, Alfred Jules Die Hauptfragen der Philosophie. SP 133
Bachmann, Ingeborg Die gestundete Zeit – Anrufung des Großen Bären. SP 78
Bachmann, Ingeborg Die Hörspiele. SP 139
Bachmann, Ingeborg Frankfurter Vorlesungen: Probleme zeitgenössischer Dichtung. SP 205
Bachmann, Ingeborg Die Wahrheit ist dem Menschen zumutbar. SP 218
Barlach, Ernst Drei Dramen. SP 163
Bender, Hans Telepathie, Hellsehen und Psychokinese. SP 31
Berna, Jacques Kinder beim Analytiker. SP 53
Bettelheim, Bruno Gespräche mit Müttern. SP 155
Beyme, Klaus von Das politische System der Bundesrepublik Deutschland. SP 186
Beyme, Klaus von Die politischen Theorien der Gegenwart. SP 211
Beyme, Klaus von Interessengruppen in der Demokratie. SP 201
Beyme, Klaus von Sozialismus oder Wohlfahrtsstaat? SP 170
Bockelmann, Paul Einführung in das Recht. SP 123
Boveri, Margret Die Deutschen und der Status quo. SP 99
Bracher, Karl Dietrich Zeitgeschichtliche Kontroversen. SP 142
Bronnen, Barbara/Henny, Franz Liebe, Ehe, Sexualität in der DDR. SP 132
Canitz, Hanne-L. von Hochleistungssport Sex. SP 149
Cipolla, Carlo M./Borchardt, Knut Bevölkerungsgeschichte Europas. SP 19
Dahrendorf, Ralf Pfade aus Utopia. SP 101
Domin, Hilde Von der Natur nicht vorgesehen. SP 90
Domin, Hilde Wozu Lyrik heute. SP 65
Eggers, Hans Jürgen Deutsche Sprache im 20. Jahrhundert. SP 61
Eibl-Eibesfeldt, Irenäus Liebe und Haß. SP 113
Eschenburg, Theodor Matthias Erzberger. SP 39
Esslin, Martin Was ist ein Drama? SP 181
Federspiel, Jürg Museum des Hasses. SP 220
Federspiel, Jürg Orangen und Tode. SP 119
Fest, Joachim C. Das Gesicht des Dritten Reiches. SP 199
Fetscher, Iring Herrschaft und Emanzipation. SP 146
Fetscher, Iring Überlebensbedingungen der Menschheit. SP 204
Finzen, Asmus Die Tagesklinik. SP 158
Flitner, Andreas Mißratener Fortschritt. SP 166
Flitner, Andreas Spielen – Lernen. SP 22
Frankl, Viktor E. Die Sinnfrage in der Psychotherapie. SP 214
Friedenserziehung in der Diskussion Hrsg. v. Chr. Wulf. SP 64
Gauger, Hans-Martin Sprachbewußtsein und Sprachwissenschaft. SP 144
Giersch, Herbert Kontroverse Fragen der Wirtschaftspolitik. SP 21
Gerlach, Walther/List, Martha Johannes Kepler. SP 201
Glück – Gerechtigkeit Hrsg. v. A. Mitscherlich/G. Kalow. SP 137
Goffman, Erving Interaktion: Spaß am Spiel/Rollendistanz. SP 62
Gollwitzer, Helmut Was ist Religion? SP 197
Greiffenhagen, Martin Das Dilemma des Konservatismus in Deutschland. SP 162
Greinacher, Norbert Die Kirche der Armen. SP 196

Serie Piper:

Grundelemente der Weltpolitik Hrsg. v. G.-K. Kindermann. SP 224
Grundprobleme der Politischen Ökonomie Hrsg. v. M. Hereth. SP 152
Haben wir die richtige Medizin? Hrsg. v. J. Schlemmer. SP 118
Hädecke, Wolfgang Eine Rußlandreise. SP 91
Hassenstein, Bernhard Instinkt, Spielen, Lernen, Einsicht. SP 193
Hassenstein, Bernhard und Helma Was Kindern zusteht. SP 169
Havemann, Robert Rückantworten an die Hauptverwaltung ›Ewige Wahrheiten‹. SP 8
Heisenberg, Werner Tradition in der Wissenschaft. SP 154
Hersch, Jeanne Karl Jaspers. SP 195
Höhn, Elfriede Der schlechte Schüler. SP 206
Hoffmann, Peter Widerstand gegen Hitler. SP 190
Hospitalisierungsschäden in psychiatrischen Krankenhäusern Hrsg. v. A. Finzen. SP 82
Huchel, Peter Die Sternenreuse. SP 221
Huxley, Aldous Die Pforten der Wahrnehmung – Himmel und Hölle. SP 6
Illies, Joachim Kulturbiologie des Menschen. SP 182
Jaspers, Karl Augustin. SP 143
Jaspers, Karl Chiffren der Transzendenz. SP 7
Jaspers, Karl Einführung in die Philosophie. SP 13
Jaspers, Karl Kant. SP 124
Jaspers, Karl Kleine Schule des philosophischen Denkens. SP 54
Jaspers, Karl Lao-tse–Nagarjuna. SP 180
Jaspers, Karl Die maßgebenden Menschen. SP 126
Jaspers, Karl Philosophische Autobiographie. SP 150
Jaspers, Karl Der philosophische Glaube. SP 69
Jaspers, Karl Plato. SP 147
Jaspers, Karl Die Schuldfrage. SP 191
Jaspers, Karl Spinoza. SP 172
Jaspers, Karl Strindberg und van Gogh. SP 167
Jaspers, Karl Von der antiken zur christlichen Metaphysik. SP 192
Jaspers, Karl/Bultmann, Rudolf Die Frage der Entmythologisierung. SP 207
Jens, Walter Fernsehen – Themen und Tabus. SP 51
Jens, Walter Die Verschwörung – Der tödliche Schlag. SP 111
Jesus und Freud Hrsg. v. H. Zahrnt. SP 29
»... keiner, dem Geschichte nicht etwas Wichtiges zu sagen hätte« Hrsg. v. U. Reiter. SP 159
Kalow, Gert Hitler – das deutsche Trauma. SP 114
Kelemen, Milko Klanglabyrinthe. SP 208
Kolakowski, Leszek Die Gegenwärtigkeit des Mythos. SP 49
Kolakowski, Leszek Gespräche mit dem Teufel. SP 109
Kolakowski, Leszek Der Mensch ohne Alternative. SP 140
Kolakowski, Leszek Die Philosophie des Positivismus. SP 18
Konjetzky, Klaus Poem vom Grünen Eck. SP 121
Kornilow, Wladimir Mädchen und Dämchen. SP 131
Koschel, Christine Zeit von der Schaukel zu springen. SP 130
Krahmer, Catherine Der Fall Yves Klein. SP 105
Krockow, Christian Graf von Mexiko. SP 85
Krockow, Christian Graf von Nationalismus als deutsches Problem. SP 4
Krockow, Christian Graf von Reform als politisches Prinzip. SP 136
Krockow, Christian Graf von Sport – Gesellschaft – Politik. SP 198
Kühn, August Westend-Geschichte. SP 38
Vergißt die Schule unsere Kinder? Hrsg. v. F. Kümmel, F. Maurer, W. Popp, H. Schaal. SP 176
Küng, Hans Die Kirche. SP 161
Küng, Hans 24 Thesen zur Gottesfrage. SP 171
Küng, Hans 20 Thesen zum Christsein. SP 100
Landmann, Salcia Der ewige Jude. SP 97
Lenk, Hans Wozu Philosophie? SP 83
Lorenz, Konrad Die acht Todsünden der zivilisierten Menschheit. SP 50

Serie Piper:

SYNAPSE

MORPHOLOGIE

FULGERATION = IDEEN, WIE BLITZSCHLÄGE